ASPASIE,

TRAGÉDIE

EN CINQ ACTES,

PAR BERQUIN-DUVALLON.

Auteurs, prêtez l'oreille à mes instructions.
Voulez-vous faire aimer vos riches fictions?
Qu'en savantes leçons votre muse fertile,
Réunisse partout l'agréable et l'utile.
Un lecteur sage fuit un vain amusement,
Et veut mettre à profit son divertissement.

BOIL., *Art. poét.*, *Ch. IV.*

A PARIS,

Chez Lebour, libraire, palais du Tribunat, galerie de bois,
n°. 229.

AN XII, — 1804.

AVERTISSEMENT.

Parmi tous les ouvrages importans qu'embrasse le vaste ressort de la littérature, en est-il de plus relevé par son objet, de plus attrayant par sa forme, et de plus instructif par ses vues, qu'une tragédie qui offrirait le tableau, fidèle et animé, des effets déplorables que peuvent produire les deux plus fortes passions du cœur humain, l'amour et l'ambition, dans le bouleversement d'un grand empire et la fin malheureuse de ses chefs? Il est à présumer qu'un sujet semblable, adapté à un poëme de cette nature, et habilement traité, réunirait en sa faveur les applaudissemens motivés des personnes éclairées, et les bruyans suffrages de la multitude. Noble simplicité dans le plan, instruction mêlée au plaisir dans l'ensemble, intérêt vif et soutenu dans les détails; enfin, le concours, si rare, de tout ce qui peut, à la fois, émouvoir profondément le cœur et occuper utilement l'esprit, assurerait à cet ouvrage un succès d'autant plus durable qu'il serait indépendant du caprice de la mode et des circonstances du moment.

Nous possédons plusieurs tragédies que l'on estime bonnes, sous différens points de vue, mais qui n'ont pas, à mes yeux du moins, le mérite particulier, quoique essentiel, de présenter, dans l'exposition et les détails d'une grande et illustre action, la lutte et les combats divers des passions les plus violentes auxquelles l'homme puisse être abandonné, et, pour résultat de ces égaremens funestes, une catastrophe analogue au sujet, c'est-à-dire, imposante, tragique, et qui remplisse, de terreur et de pitié, l'ame du spectateur. Il est, cependant, quelques-unes de nos tragédies qui approchent, plus ou moins, du but que nous venons d'indiquer, et auquel tout auteur attaché à cette partie intéressante, mais pénible, de la littérature, doit continuellement aspirer ; et ces ouvrages, en petit nombre, sont aussi de vrais chefs-d'œuvres. Je me contenterai de désigner, dans ce nombre très-circonscrit, le Cinna de Corneille, l'Iphigénie de Racine, et le Brutus de Voltaire. Dans la première et dans la dernière de ces pièces, il s'agit de décider du sort de Rome et de ses chefs ; et, dans la seconde, l'élite de la Grèce, rassemblée en un vaste corps d'armée sous le commandement de plusieurs rois, est intéressée à l'action, et prend part à la catastrophe, ainsi que tous ces rois eux-mêmes. En ces circonstances, l'imagination du lecteur ou du spectateur se monte à la hauteur du sujet, et s'identifie, pour ainsi dire, avec lui. On n'est plus à Paris, à Londres ; on est dans l'antique Rome, au sein du Sénat, ou sur les plages de l'Aulide, sous les tentes des Grecs : on n'est plus Français, Anglais, ou de quelque autre nation moderne que ce puisse être ; on est Grec ou Romain : on ne songe plus à ses petits intérêts personnels ; on s'attache fortement à ceux de sa patrie idéale et de ses nouveaux compatriotes.

On sort enfin de la lecture ou de la représentation de ces belles pièces, de ces productions sublimes de l'esprit humain, l'ame vivement émue, et le cœur dirigé vers les actions nobles et généreuses. Et voilà ce que produit la magie de l'art : voilà les effets d'une bonne Tragédie.

Telle est, en abrégé, l'idée que je me suis faite d'un ouvrage de ce genre, dont l'exécution est entravée, je le sais bien, de difficultés sans nombre, mais qui, pourtant, ne sont pas insurmontables, puisque nos grands maîtres les ont plus d'une fois vaincues. Et comme il est permis de marcher, quoique de loin, sur leurs traces, ou de parcourir de nouveaux sentiers dans le vaste champ des beaux arts, j'ai osé entreprendre une tragédie qui fût traitée, autant que cela pût être en moi, suivant le plan que je m'en étais fait d'avance, et que je me suis, en conséquence, efforcé de suivre et de remplir. J'ai voulu présenter un tableau des malheurs qu'entraînent à leur suite deux passions terribles, qui ont tant d'empire sur l'homme, l'ambition et l'amour; et j'ai choisi, pour sujet de ce tableau, la prise de Constantinople par le sultan Mahomet II, et la chûte de l'empire d'Orient, en 1453. On sentira bien que je n'ai pu ni dû m'astreindre rigoureusement aux détails historiques ayant trait à ce sujet, qu'en quelque façon je me suis approprié, pour l'adapter convenablement à mes vues, et le faire paraître revêtu des formes et des couleurs tragiques. Le fond n'a point été altéré : mais, quant aux accessoires, je les ai ou imaginés ou pliés à mes convenances. Sans quoi, il m'eût fallu abandonner un tel sujet ; et je n'y aurais pas renoncé sans peine, attendu qu'il me présentait un concours de moyens que je n'eusse, peut-être, pu trouver ailleurs. Au surplus, j'ai pour moi, sur cet article, les décisions de nos deux législateurs du Parnasse, Horace et Boileau. Le premier a dit :

. . . . *Pictoribus atque poetis,*
Quidlibet audendi semper fuit œqua potestas.

Et le second :

D'un nouveau personnage inventez-vous l'idée ?
Qu'en tout avec soi-même il se montre d'accord,
Et qu'il soit jusqu'au bout tel qu'on l'a vu d'abord.

Du reste, j'ai tâché de me conformer strictement aux règles de l'art. Les trois unités sont observées dans cette pièce avec le plus grand soin, règle essentielle et si énergiquement exposée en ces deux vers par ce même Boileau :

Qu'en *un lieu*, qu'en *un jour*, *un seul fait* accompli
Tienne, jusqu'à la fin, *le théâtre rempli.*

Persuadé, en outre, que le style est une des parties de l'art d'écrire, à laquelle on ne peut donner trop de soins dans la composition de tout œuvre littéraire en général, et particulièrement dans celle d'un poëme dramatique du genre de la tragédie, j'ai soigné le mien autant qu'il m'a été possible, en tâchant de donner à ma diction toute la clarté, la force et la grâce, dont mes faibles talens ont pu me fournir les moyens, et d'allier la pompe et la richesse de la poésie à l'exactitude et à la sévérité de la versification. Je me contenterai de citer ici, pour exemple de cette attention rigoureuse que j'ai mise à cette partie de mon ouvrage, le morceau qui, à l'ouverture de la seconde scène du premier acte, commence par ce vers que prononce Liazime :

A quels nouveaux ennuis ma vie est destinée !

Et qui, dans la même scène, finit par ceux-ci :

Et, dissipant l'erreur qui flattait ma faiblesse,
D'anéantir enfin cet espoir qui vous blesse.

Ce morceau contient soixante-six vers, dont il n'est pas une seule rime qui ne soit aussi régulière et aussi forte qu'on puisse le desirer. Je sens bien qu'il ne serait guère possible de soutenir ce même ton dans le cours d'un long ouvrage : mais il faut absolument ne rien négliger de tout ce qui peut assurer à la versification les trois attributs qui lui sont essentiels, et qu'ont si bien possédé Virgile et Racine, (ces excellens maîtres en cet art si difficile) harmonie, élégance, et pureté. Il ne s'agit pas de fabriquer des vers louches, contrefaits, durs et mal sonnans, avec la prétention de se dire poëte : il vaudrait bien mieux se borner à faire de la prose telle quelle. Une prose médiocre est beaucoup plus supportable, à tous égards, que de mauvais vers.

Au demeurant, loin de présumer avoir atteint, en cet ouvrage (soit pour le fond, soit pour la forme) le terme vers lequel je me suis constamment dirigé, tout me porte à croire que, dans l'une et l'autre parties, il doit se trouver bien des négligences et des fautes qui n'échapperont pas à l'œil sévère et clairvoyant de la critique. Mais j'espère, au moins, qu'on me saura gré des efforts que j'ai faits pour m'approcher de ce terme auquel je n'ai certainement pas dû me flatter de parvenir d'emblée. Et voilà ce à quoi e borne mes prétentions à cet égard : elles sont fondées sur mes tentatives, et non sur mes succès.

En conséquence, et sans perdre tems à un examen détaillé de mon ouvrage, (examen qui, fait par l'auteur, serait trop long peut-être) je ne me permettrai qu'une seule observation, par laquelle je terminerai cet avertissement, que je desire abréger autant que faire se peut, dans l'idée où je suis que ces préliminaires, mis à la tête des ouvrages, ne les rendent pas meilleurs, et ne sont ordinairement que des pièces superflues, de vrais hors-d'œuvres. A cet égard, puisque j'ai tant fait que de commencer, il ne me reste plus qu'à finir, tant bien que mal, mais, au moins, dans le plus court espace qu'il me sera possible d'employer pour y parvenir.

Cette observation, que je ne voudrais point omettre, à cause de son objet, (quoique, au fond, cela ne soit pas d'une grande valeur) se rapporte aux expressions employées dans le cours de l'ouvrage , et appliquées aux Turcs , par qui l'Empire grec a été abattu. Ils y sont désignés indistinctement sous les dénominations de Scythes , Tartares , Barbares , ou Turcomans. Je n'ignore pas qu'on pourrait me contester la validité de ces expressions de Scythes ou Tartares , appropriées aux Turcs , attendu qu'ils ne sont point réellement originaires de l'ancienne et vaste Scythie , qui comprenait une partie fort étendue des immenses contrées de l'Asie septentrionale , et qui , dans des tems plus modernes , a été connue , et l'est encore actuellement , sous le nom de Tartarie. Les Turcs , proprement dits , sont originaires de cette longue chaîne de montagnes qui séparent les Indes du nord de l'Asie. Dans ces tems barbares et mémorables , où de nombreuses hordes d'intrépides et farouches brigands , se pressant les unes sur les autres , refluèrent du nord au midi de l'Asie et de l'Europe , les Turcs quittèrent leurs montagnes , et pénétrèrent dans le pays qu'habitaient les Huns , où ils s'établirent , et d'où ils s'avancèrent , par la suite , dans l'Arménie , puis en Perse , et finalement jusque sur les rives du Bosphore , qu'ils franchirent , avec le tems , pour se répandre dans les plaines d'Andrinople , dont ils se rendirent maîtres , et dont la conquête les amena , sans beaucoup de peine , à la prise de Constantinople , à la destruction totale de l'Empire grec , et à l'établissement , en Europe , de celui des Ottomans , qui subsistait , depuis plusieurs siècles , dans une partie de l'Asie mineure.

Voilà, en abrégé, ce qu'ont été les Turcs. Mais on n'ignore pas que les anciens Grecs appliquaient à presque toutes les nations étrangères le nom vague de Barbares, désignant particulièrement celles établies dans les contrées septentrionales de l'Asie, sous le nom de Scythes, (qui, depuis, a été changé en celui de Tartares) et que les Grecs modernes, héritiers, en cela, des habitudes traditionnelles de leurs ancêtres, appelaient indifféremment Scythes, Tartares, ou Barbares, toutes ces peuplades guerrières et féroces qui, sorties de diverses régions du nord de l'Asie, ont, à des époques différentes, étendu leurs courses et leurs ravages en Chine, aux Indes, en quelques parties de l'Afrique, et même jusqu'en Europe.

Cet éclaircissement doit suffire pour justifier l'emploi de ces termes, dont l'application aurait pu, sans cela, paraître, à certains égards, défectueuse et inadmissible.

J'ignore, au surplus, si cette tragédie aura l'avantage d'être représentée. Je ferai bien ce qui dépendra de moi pour qu'elle ne soit point privée des honneurs de la scène : mais, étranger et sans nul alentour dans Paris, j'ai lieu de craindre que mes démarches à ce sujet ne soient infructueuses. En tout cas, si je ne puis la faire jouir ici des charmes attrayans, mais quelquefois dangereux, de la représentation théâtrale, je pourrai toujours me hasarder à la communiquer au Public par la voie de l'impression.

ASPASIE,

TRAGÉDIE.

PERSONNAGES.

CONSTANTIN DRACOSÈS, empereur d'Orient.

ASPASIE, princesse du sang des Lascaris.

EUMÈNE, premier ministre.

LIAZIME, captive turque.

JUSTINIEN, général en chef.

THAÏSE, attachée au service d'Aspasie.

GÉNADE, attaché au service de Justinien.

UN OFFICIER de la garde de l'Empereur.

GARDES.

La scène est à Constantinople, anciennement dite Bysance, dans un salon du Palais impérial.

ASPASIE.

J'ai sacrifié tout à ma fureur extrême :
Il ne me reste plus qu'à m'immoler moi-même.
Le jour m'est en horreur.

ASPASIE, Trag., Acte V, Scè. XI et derni.e

ASPASIE,

TRAGÉDIE.

ACTE PREMIER.

SCÈNE PREMIÈRE.

ASPASIE, THAÏSE.

ASPASIE.

Toi qui, dans ce palais, près de moi retirée;
Partages la tristesse où tu me vois livrée,
Et dont les soins touchans, la tendre affection,
Modérant la rigueur de mon affliction,
M'aident à supporter le poids de l'existence,
Hélas ! des maux cruels qui troublent ma constance,
Puis-je, sans nul égard à ton zèle discret,
 e cacher, plus long-tems, le principe secret?
Puis-je encor te laisser ignorer..... Non, Thaïse;
 ans le fond de mon cœur je veux que ton œil lise,
Et que, de mes chagrins confiés à ta foi,
La cause ne soit plus un mystère pour toi.

T H A I S E.

Mais faut-il, sans mesure, abandonner votre ame
A la mélancolie, et vous laisser, madame,
Par ses impressions pleinement obséder,
Plutôt que de vous vaincre et de vous posséder?

A S P A S I E.

Moi, me vaincre! eh, le puis-je, en l'état qui m'accable?
Puis-je, ô ciel! me flatter d'un triomphe semblable,
Après avoir tout fait, pour réprimer, au moins,
L'excès de mes ennuis? Trop inutiles soins!
Qu'ont produit tant d'efforts, et quel fruit j'en retire?
Rien que d'envenimer le trait qui me déchire,
D'accroître le tourment que je voulais calmer,
Et d'aigrir ma blessure, au lieu de la fermer.
Ah! quel supplice affreux d'éprouver, en soi-même,
Qu'il n'est plus de remède à sa douleur extrême,
Plus d'espoir d'en guérir! Et tel est mon destin.
J'ai tout perdu; je perds le cœur de Constantin;
Je ne suis plus aimée.... Ingrat! est-il possible
Qu'à ma flâme, en effet, tu ne sois plus sensible?
Comment donc ai-je pu m'attirer, dis-le moi,
Ton infidélité, ton manquement de foi?
Mais, crains mon désespoir. Une amante outragée,
Est capable de tout: et je serai vengée.

T H A I S E.

Madame, de vos sens appaisez le transport.
Eh! ne pouvez-vous pas, d'ailleurs, vous plaindre à tort?
Contemplez, dans nos champs, aux pieds de nos murailles,
Ces brigands que du Nord ont vomi les entrailles,
Du cruel Mahomet suivant les étendarts,
Et déjà de Bysance assiégeant les remparts:
oyez, autour de nous, tout un peuple en alarmes,

Unissant ses clameurs au tumulte des armes.
Constantin, à l'honneur sacrifiant l'amour,
Et du salut commun s'occupant nuit et jour,
Ne voit que cet objet ; il ne vit, ne respire,
Que pour sauver l'Etat ; et votre cœur soupire !

ASPASIE.

O ma chère Thaïse, apprends quels sont les maux
Qui de ce cœur, hélas ! détruisent le repos.
J'adore Constantin ; mais cet amour extrême,
Ne m'a jamais forcée à rougir de moi-même.
Que ce prince, animé du beau feu de l'honneur,
Contre nos ennemis signale sa valeur ;
Que du barbare Scythe il délivre la Thrace ;
Et, suivant le sentier que la gloire lui trace,
Qu'il oublie Aspasie au milieu des combats ;
Certes, d'un tel oubli je ne me plaindrai pas.
Mais, à l'indifférence il ajoute l'outrage.
Une esclave (à ce nom, mon cœur frémit de rage)
M'enlève, me ravit son amour et sa foi ;
Une captive obscure est préférée à moi,
A qui ses intérêts, ses sermens, tout le lie !
Qu'un si cruel affront, Thaïse, m'humilie ;
Et m'inspire, à bon droit, un vif ressentiment !

THAISE.

A peine je reviens de mon étonnement.
Constantin, dites-vous, pour une autre soupire !
Une autre a sur son ame un souverain empire !
Une autre enfin.... Mais, non : croyez qu'il ne peut pas,
Jusqu'à ce point, madame, outrager vos appas.

ASPASIE.

C'est en vain que je cherche (oui, je te le confesse)
A bannir mes soupçons, à m'aveugler sans cesse.

Un séduisant espoir vient-il flatter mon cœur?
Aussitôt ma rivale en détruit la douceur.
Elle aime Constantin; et, d'orgueil enivrée,
Elle aspire au bonheur de s'en voir adorée.
Chaque jour l'Empereur la comble de bienfaits,
Qui, d'un intérêt pur loin d'être les effets,
Sont du plus tendre amour et la preuve et le gage.
On ne se trompe pas à ce muet langage.

Jusqu'à présent, le feu dont il est consumé,
Reste au fond de son cœur avec soin renfermé.
J'ose croire, du moins, qu'il ne l'a point encore
Fait éclater aux yeux de l'objet qu'il adore :
Soit que de ses sermens l'importun souvenir
Combatte cette ardeur qu'il cherche à retenir ;
Soit que, honteux aussi de sa nouvelle chaîne,
En secret il résiste au penchant qui l'entraîne ;
Soit qu'il veuille éviter, et qu'il craigne, l'ingrat,
De mes emportemens le dangereux éclat.
Mais, secouant enfin le joug de la contrainte,
Étouffant tout remords, libre de toute crainte,
Et ne se couvrant plus d'un vain ménagement,
Sans doute qu'avant peu ce séducteur amant,
Dans l'aveugle transport de l'ardeur qui l'anime,
Osera de sa flâme instruire Liazime.

THAISE.

Liazime, madame! ah, pouvez-vous penser
Que l'Empereur, près d'elle, aille ainsi s'abaisser?
Quand ce prince vainqueur d'une horde sanglante,
La poussa jusqu'aux murs d'Andrinople (1) tremblante:

---

(1) Ancienne résidence des souverains Turcs, durant les dernières années qui s'écoulèrent avant la prise de Constantinople.

uand ses soldats , livrés à toute leur fureur ,
ortèrent chez les Turcs l'épouvante et l'horreur;
es bras d'un père âgé Liazime ravie,
ans Constantin , peut-être , allait perdre la vie.
n dit que ce vieillard , en accusant les cieux ,
t défendant sa fille, expira sous ses yeux.
ous la vîtes alors , en nos murs amenée,
éplorer , loin des siens , sa triste destinée.
h ! qui n'aurait été sensible à son malheur?
ar de généreux soins modérant sa douleur,
our elle, Constantin n'eut que les yeux d'un père,
adame ; et Liazime ainsi le considère.

A S P A S I E.

haïse, je ne puis , malgré ma passion ,
ce point, me tromper, me faire illusion.
iazime soupire , et son ame ingénue ,
gnorant de nos mœurs la fausse retenue,
aisse éclater , sans art, sans nul déguisement ,
e trouble qui l'agite, aux yeux de son amant.
Objet , comme témoin , de sa tendresse extrême,
Constantin pourra-t-il, brûlant d'amour lui-même,
Résister au pouvoir qu'il a pris sur ses sens?
Ce triomphe a pour lui des charmes trop puissans.
Vainqueur , il cédera..... Mais, voici ma rivale,
Celle qui de mes maux est la cause fatale.
Elle avance vers nous, les yeux baignés de pleurs.
Je l'entends qui gémit.

SCÈNE II.

A S P A S I E, L I A Z I M E, T H A I S E.

L I A Z I M E.

O comble de douleurs !
A quels nouveaux ennuis ma vie est destinée !
Et qu'ai-je fait au ciel, pour être condamnée
A sentir, chaque jour, s'aggraver mon tourment ?

A S P A S I E.

D'où naissent vos soupirs ? Quel triste évènement ,
Quelle peine secrette agite ainsi votre ame ?

L I A Z I M E.

Ah ! daignez m'écouter ; vous l'apprendrez , madame.
Le sort (c'est vainement que j'osais m'en flatter)
Ne cessera jamais de me persécuter :
Pour Liazime seule il devient intraitable.

Au milieu des horreurs de ce jour détestable ,
Où , rappelant enfin mon esprit éperdu ,
Je vis le sang d'un père à mes pieds répandu ,
De farouches soldats où moi-même entourée ,
Dans leurs cœurs sans pitié ma perte était jurée ,
Pourquoi le fer sanglant , à mes yeux présenté ,
Par un bras charitable en fut-il écarté?
Rien ne pouvait encor m'attacher à la vie:
Et l'un de ces guerriers , secondant mon envie ,
De ma triste existence allait finir le cours ,
Lorsque de l'Empereur le funeste secours ,
Réprimant les transports d'une rage effrénée ,
Assura de mes jours la trame infortunée.

Il me fallut, dès-lors, pleurant ma liberté,
Endurer les ennuis de la captivité.
Je me vis arrachée au sein de ma patrie :
Et mon ame, long-tems, par la douleur flétrie,
Semblait être réduite à des peines sans fin.
Mais, grace à vos bontés, je respirais enfin,
Quand la guerre amena Constantin dans Bysance.
Hélas! j'en fais l'aveu ; ses soins, sa complaisance,
Sous des traits si charmans l'offrirent à mon cœur,
Que je me consolai de l'avoir pour vainqueur.

De ce penchant, accru dans l'ombre et le silence,
Avant que d'éprouver la douce violence,
J'aurais dû m'opposer à ses progrès naissans.
Mais une erreur fatale égara tous mes sens.
J'espérais être aimée ; et mon ame séduite,
Sur ce trompeur espoir dirigeait ma conduite.
Toute entière à l'amour, je ne combattais pas
De ses illusions les dangereux appas.
Funeste aveuglement ! Flâme désordonnée !
Dans quel abîme affreux m'avez-vous entraînée !

ASPASIE.

De cet étrange amour, dont vos sens sont épris,
L'Empereur peut-il bien méconnaître le prix ?
Abaissant à vos pieds l'orgueil de sa couronne,
Et dépouillant pour vous l'éclat qui l'environne,
Il devrait, n'est-ce pas, sans attendre à demain,
Dès ce jour, vous offrir son cœur avec sa main,
Et, ne consultant plus une pudeur craintive,
Au rang d'Impératrice élever sa captive?
Voilà quels sont les vœux que vous osez former,
(Tant le plus fol espoir a de quoi nous charmer!)
Quoique vous dussiez voir, en cette circonstance,
D'un Empereur à vous quelle était la distance.

L I A Z I M E.

Dans mon ame affligée, ah! quel coup vous portez!
Je mérite, il est vrai, ces dures vérités.
Mais, pouvais-je, de vous, madame, les attendre?
Vous qui, me témoignant un intérêt si tendre,
Avez même pour moi montré quelque amitié,
Pouvez-vous aujourd'hui m'accabler sans pitié?

    Eumène, ce vieillard qui, de ma servitude,
Par ses bontés, souvent calma l'inquiétude,
Ne vient-il pas, madame, en ce même moment,
De mon cœur aveuglé plaignant l'égarement,
Et dissipant l'erreur qui flattait ma faiblesse,
D'anéantir enfin cet espoir qui vous blesse?

A S P A S I E.

Comment? que dites-vous?

L I A Z I M E.

                    Madame, dès ce jour,
Il faut que je renonce à ce fatal amour.
Constantin porte ailleurs ses vœux et son hommage.
Mais puis-je de mon cœur arracher son image?
Puis-je de ma mémoire effacer, pour jamais,
Le souvenir si vif de ses premiers bienfaits?
Puis-je éteindre le feu qui circule en mes veines,
Cette ardeur qui me charme et redouble mes peines,
Et qui, dans ce moment, par un contraire effort,
Me donne, tour-à-tour, et la vie et la mort?
Ah! pourrai-je, en l'état où je me vois réduite,
En ces extrémités où l'amour m'a conduite,
M'armer d'une froideur que mon ame dément,
Et, moi-même, chercher à croître mon tourment?
D'un rigoureux destin victime infortunée,
De la terre et du ciel, sans doute, abandonnée,

Je n'ai plus qu'à languir le reste de mes jours.
Puisse bientôt la mort en terminer le cours !

ASPASIE.

Ainsi, loin de montrer un généreux courage,
Sans efforts, sans combats, vous cédez à l'orage !
Ainsi donc, à l'amour immolant la raison,
Et savourant vous-même un funeste poison,
De votre désespoir vous semblez tout attendre,
En cherchant à périr dès l'âge le plus tendre !
 Mais enfin, Liazime, à l'honneur, au devoir,
Au lieu de préférer ce sombre désespoir,
Au lieu de succomber sous le trait qui vous blesse,
Ne devriez-vous pas, domptant votre faiblesse,
Contenir, réprimer ce penchant suborneur,
Qui n'a pu vous offrir que l'ombre du bonheur ?
Une esclave aspirer (je rougis de le dire)
A posséder le cœur du maître de l'Empire !
Vous aimez Constantin ; mais de quelque retour,
Comment croire, en effet, qu'il pairait votre amour ?
Et comment vous flatter que ce prince, lui-même,
Avilirait ainsi la dignité suprême ?
Orgueilleuse espérance !.... Enfin, pour dissiper
Ce charme dont l'erreur a paru vous tromper,
Sachez qu'à l'Empereur les nœuds de l'hyménée
Vont joindre une princesse au trône destinée.
Si, renonçant, pour vous, à ses engagemens,
Il osait violer la foi de ses sermens ;
Si, d'un premier amour trahissant la mémoire,
Il offrait à vos vœux une indigne victoire ;
S'il se portait, un jour, à tant de cruauté,
Sa mort suivrait bientôt son infidélité :
Elle en serait le prix.

L ɪ ᴀ ᴢ ɪ ᴍ ᴇ.

Ciel ! que viens-je d'entendre !....

Vous en dites assez ; et je crois vous comprendre.

Qui ? moi nuire, madame, à votre heureux destin !

Hélas ! moi vous ravir le cœur de Constantin !

Non, vous ne craignez pas qu'en aucun tems mes larmes

Puissent, auprès de lui, l'emporter sur vos charmes.

Et déjà, cependant, le plus affreux transport

Vous pousse, vous incite à conjurer sa mort.

Ah ! j'en frémis d'horreur. Quoi, serait-il possible

Qu'à ce projet sanglant votre cœur accessible,

D'un amant adoré pût vouloir le trépas !

Quelle fureur, ô ciel ! que je ne conçois pas !

L'amour inspire-t-il ces sentimens atroces,

Et jusques à ce point nous rendrait-il féroces ?

A ꜱ ᴘ ᴀ ꜱ ɪ ᴇ.

De cette passion, terrible en ses excès,

Que vous connaissez peu les sinistres effets !

Plus l'Empereur m'est cher, et plus son inconstance

Allumerait en moi le feu de la vengeance.

S'il pouvait me trahir, et que ma faible main

Hésitât à plonger le poignard dans son sein,

Je saurais bien trouver, en lui laissant la vie,

Le moyen de punir sa noire perfidie.

Au soutien de mes droits violés lâchement,

J'aurai cent mille bras armés dans un moment.

Si Constantin balance à me rester fidèle,

Sa vie est en danger, ou son trône chancèle.

En un mot, (pour finir ce pénible entretien)

Qu'il craigne d'outrager un cœur tel que le mien.

SCÈNE III.

LIAZIME, *seule.*

Ah ! je succombe aux traits dont sa fureur me blesse !
Mais, qu'ai-je fait, moi-même, et quelle est ma faiblesse ?
Je viens de dévoiler à ses regards surpris,
Le feu dont, en secret, mon cœur était épris,
Et de faire éclater (imprudence fatale !)
Les transports d'une amante aux yeux de sa rivale.
J'aurais dû lui cacher l'excès de mon amour.
Mon ingénuité va me perdre en ce jour.
O passion terrible ! affreuse jalousie !
J'ai versé ton poison dans l'ame d'Aspasie.
Elle doit m'abhorrer : et sans doute, à ses yeux,
Je ne suis maintenant qu'un objet odieux,
Qu'une esclave insolente, ambitieuse, et vaine,
Faite pour ressentir tout le poids de sa haîne,
Moi, dont le triste sort excitait sa pitié,
Que même elle honorait d'une tendre amitié,
Et qui, de ses bontés vivement pénétrée,
En garderai toujours la mémoire adorée.
A qui, dans mon malheur, pourrai-je recourir ?
Il ne me reste plus désormais qu'à mourir.

SCÈNE IV.

CONSTANTIN, EUMÈNE, *au fond du théâtre ;* LIAZIME, *penchée sur une colonne de l'avant-scène.*

CONSTANTIN.

Ami, quel triste objet vient s'offrir à ma vue !
De cet aspect touchant que mon ame est émue !

J'apperçois Liazime , en proie à ses douleurs,
Seule ici gémissante, et répandant des pleurs.
Reléguée en ces lieux, et loin de sa patrie ,
D'amers ressouvenirs sa tristesse est nourrie.
En vain je me flattais que mes soins et le tems ,
Porteraient à ses maux quelques soulagemens.
Dans un morne chagrin profondément plongée ,
Rien n'adoucit l'ennui dont elle est affligée.
Avançons-nous vers elle , Eumène.

LIAZIME.

                           Ah ! quand viendra
L'instant où de mes jours le ciel disposera ?
O mort, viens me frapper , viens terminer ma peine !

CONSTANTIN.

Elle invoque la mort ! l'entends-tu, cher Eumène ?

EUMÉNE.

Oui , Seigneur.

CONSTANTIN.

                        De tes yeux je vois couler des pleurs.
Tu gémis.

EUMÈNE.

                    Il est vrai : touché de ses malheurs,
Je sens, en contemplant cette jeune étrangère,
S'élever dans mon cœur un trouble involontaire.
Et son sexe, et son âge, et sa captivité,
Tout, en elle, retrace à ce cœur agité
L'affligeant souvenir d'une fille chérie ;
Dès sa plus tendre enfance, à mon amour ravie.
Si le Ciel a daigné prendre soin de ses jours,
Peut-être que ma fille en déplore le cours ;
Sans parens, sans patrie, en un climat sauvage,
Elle languit , peut-être , au sein de l'esclavage ;

Peut-être.... Mais, hélas! je m'égare, Seigneur.
Pardonnez....

CONSTANTIN.

Cher ami; j'excuse ta douleur.
Elle est juste ; et j'y prends l'intérêt le plus tendre.

LIAZIME, *se relevant.*

Quelle voix, tout-à-coup, ici s'est fait entendre ?
Ah Ciel ! c'est Constantin.... Où me cacher ?

CONSTANTIN.

Pourquoi,
Si précipitamment vous dérober à moi?
Pourquoi me fuyez-vous, moi, dont le cœur sensible
Partage votre ennui ?

LIAZIME.

Vous fuir ! m'est-il possible
De le tenter, Seigneur, même de le vouloir?
Je sens qu'un tel effort n'est pas en mon pouvoir.

CONSTANTIN.

Vous pleurez ! quelle est donc la cause de vos larmes ?
Eprouvez-vous encor de secrètes alarmes
Sur ce qui peut ici toucher votre destin,
Et soupçonneriez-vous la foi de Constantin?

LIAZIME.

Soupçonner votre foi ! Que je serais coupable,
Si j'en pouvais, Seigneur, être jamais capable !

CONSTANTIN.

Mais, d'où provient, enfin, l'état où je vous voi?
Liazime, daignez vous confier à moi :
Daignez me regarder comme un ami sincère.

LIAZIME.

Un ami!.... Que ne suis-je encor près de mon père,
Au sein de ma patrie ! O regrets superflus !
O jours de mon bonheur, vous ne reviendrez plus !

CONSTANTIN.

J'espérais que pour vous mes soins toujours les mêmes,
Allégeraient le poids de vos chagrins extrêmes ,
Et qu'enfin le repos dans vos sens introduit,
Grace à ces mêmes soins.... Mais ils n'ont rien produit.

LIAZIME.

N'ont rien produit !.... Hélas !

CONSTANTIN.

Vous soupirez.

LIAZIME.

Eumène ,

Je me tais : quel effort !

CONSTANTIN, à Eumène.

Elle retient à peine
Ses sanglots ; et sur toi , ses yeux mouillés de pleurs ,
Sont tristement fixés. Ami , de ses douleurs
La cause , je le vois, ne t'est pas inconnue.
Parle.... Mais quoi , de nous tu détournes la vue !
Tu gardes le silence !... Eumène , réponds-moi.

EUMÈNE.

Seigneur , abandonnez ce secret à ma foi.
Croyez que mon devoir m'oblige à vous le taire.

CONSTANTIN.

Comment ? Que signifie un semblable mistère ?

EUMÈNE.

Ne cherchez point (de vous j'ose le requérir)
A connaître son mal , sans le pouvoir guérir.
La raison et le tems distrairont Liazime ,
De ce profond chagrin dont elle est la victime ,
Et feront sur son cœur (je ne puis en douter)
Ce qu'il serait pour vous dangereux de tenter.

CONSTANTIN.

Sur sa plaie , à mes yeux , voilée , impénétrable ,

Je ne porterai point une main secourable !
A mon impatience, ah ! ne résiste plus.
Cesse de m'opposer un importun refus.
Songe que ma prière est un ordre suprême.
Dis-moi qui peut ainsi la tourmenter?

EUMÈNE.

Vous-même.

C'est une vérité qu'il fallait vous céler :
Mais vous m'avez contraint de vous la révéler.
J'ai dû vous obéir.

LIAZIME, à part.

Je tremble, je frissonne.

Ciel, soutiens mon courage !

CONSTANTIN.

Un tel discours m'étonne.

Quoi, de moi proviendraient ses pénibles ennuis,
Moi qui cherche à les vaincre autant que je le puis,
Et qui, jusqu'à ce jour, ai tout fait pour lui plaire?
Que mes soins sont payés d'un douloureux salaire !

EUMÈNE.

Ah ! c'est à tant de soins, Seigneur, et de bienfaits,
Qu'il faut attribuer de si tristes effets.
L'aimable et doux attrait de votre complaisance,
Le charme que le ciel mit dans la bienfaisance,
Ces liens d'un cœur tendre ont captivé le sien.
Vous êtes tout pour elle.

CONSTANTIN, à part.

Ah ! quel trouble est le mien !

(A Liazime.)

Liazime, daignez éclaircir ce mistère,
Et de vos sentimens veuillez ne me rien taire.
Mais, vous baissez la vue, et soupirez tout bas ;

3

Vous semblez interdite , et ne répondez pas.

De grâce , expliquez-vous avec cette franchise

Qui se peint dans vos yeux , et vous caractérise.

Sur ce qu'Eumène ici vient de me déclarer,

Un mot de vous, enfin , suffit pour m'éclairer.

Est-il de votre cœur le fidèle interprète ?

L I A Z I M E.

Tout ce qu'Eumène a dit , Seigneur , ma bouche est prête

A vous le répéter , et mille et mille fois.

Ne m'imposez jamais de plus sévères lois.

L'aveu de ma tendresse a pour moi tant de charmes,

Qu'en vous ouvrant mon cœur je sens tarir mes larmes.

C O N S T A N T I N.

Et le mien , jusqu'ici déchiré , tourmenté,

Ne peut , dans les transports dont il est agité,

De ses feux, plus long-tems, cacher la violence.

Il faut parler , il faut rompre enfin le silence ;

Il faut que, disputé par l'honneur et l'amour ,

Liazime , ce cœur s'ouvre à vous , en ce jour.

Je vous aime.... que dis-je? hélas ! je vous adore.

Chaque moment accroît le feu qui me dévore.

Loin de vous , mon devoir dirige en vain mes pas ,

Vers nos remparts sanglans, au milieu des combats;

Sur ce théâtre affreux d'horreur et d'épouvante,

Votre image , à mes yeux, est sans cesse présente.

Sans cesse je vous vois ; et cette illusion

Ne fait que redoubler ma vive passion.

Me reprochant souvent cette faiblesse extrême ,

Que n'ai-je pas tenté pour me vaincre moi-même !

Mais , hélas ! je ne puis arracher de mon cœur

Cet amour violent, qui s'en rend le vainqueur,

Et qu'il n'est plus en moi désormais de contraindre.

LIAZIME.

Ah! Seigneur, en m'aimant, que pouvez-vous donc craindre?
Et qu'a donc ce penchant de redoutable en soi,
Pour qu'il puisse inspirer un sentiment d'effroi?
Au reste, si de vous Liazime est aimée,
Prince, elle aspire encore à s'en voir estimée.
Contemplant votre rang et le peu que je suis,
Oui, je veux mériter (quelques soient mes ennuis)
Le noble attachement d'un cœur pareil au vôtre.
Puisque de l'Empereur la main est pour une autre,
Qu'une autre incessamment va, du doux nom d'époux,
L'appeler.....

CONSTANTIN.

A mes yeux quelle image offrez-vous?

LIAZIME.

Je connais vos sermens, et les droits d'Aspasie,
Et n'en puis concevoir aucune jalousie.
Je sais qu'en l'épousant vous n'écoutez, Seigneur,
Que le vœu de l'Empire, et les loix de l'honneur.
Votre cœur est à moi ; ce bien doit me suffire :
Le conserver, c'est là tout ce que je désire.
Maîtresse d'un tel bien, mon sort est assez doux.
Mais, il est des devoirs qui sont sacrés pour vous,
Seigneur : à cet hymen rien ne peut vous soustraire,
Puisqu'au salut public il devient nécessaire,
Et qu'enfin vous avez juré de l'accomplir.

CONSTANTIN.

Oui, j'en ai fait serment, et je dois le remplir.
Que ne puis-je, bravant une loi trop austère,
Et forçant, dans mon cœur, le devoir à se taire,
Par un autre lien assurer mon bonheur !....
O pénible devoir ! O rigoureux honneur !

EUMÈNE.

Je partage vos maux, je vous plains l'un et l'autre,
Et vois, sans m'alarmer, son amour et le vôtre.
Oui, puisqu'un tel amour n'avilit point vos cœurs,
Un généreux effort vous en rendra vainqueurs :
Vous en surmonterez toute la violence.

Cependant, gardez-vous de rompre le silence.
Cachez dans vos regards, cachez dans vos discours,
Le secret important de ces tristes amours :
Qu'il reste enveloppé de l'ombre du mystère.
Ce n'est pas tout de vaincre, il faut encor se taire,
Et ne point hasarder, par un fatal éclat,
Votre salut commun, et celui de l'état.

LIAZIME.

Je conçois vos raisons, Seigneur, et me retire.
Cher prince, en m'éloignant, malgré moi je soupire.
Adieu.

CONSTANTIN.

Vous me quittez !

LIAZIME.

Il le faut bien, hélas !

CONSTANTIN.

Liazime !....

EUMÈNE.

Seigneur, n'arrêtez point ses pas.
A des yeux clairvoyans craignez de la commettre.

SCÈNE V.

CONSTANTIN, EUMÈNE.

CONSTANTIN.

DES transports de mon cœur je ne suis plus le maître :

Et tout me fait, pourtant, la loi d'en triompher !
Eh bien, puisqu'il le faut, oui, je veux étouffer
Cette ardeur dont mes sens sont embrasés pour elle :
Oui, c'en est fait, je vole où le devoir m'appelle.

    Que Mahomet, déjà d'un vain siège lassé,
Soit, loin de nos remparts, dès ce jour, repoussé.
Qu'à marcher sur mes pas le soldat se prépare :
De ces fiers Turcomans que la horde barbare,
Aille se replonger dans ses tristes climats ;
Qu'au sein de la Scythie, au milieu des frimats,
Précipitant sa fuite et hâtant sa retraite,
Elle aille, pour jamais, y cacher sa défaite,
Et sa rage impuissante, et ses affreux transports.

    Si le ciel daigne ainsi couronner mes efforts,
Délivré du fardeau d'une guerre cruelle,
Maître alors de moi-même, à mes sermens fidelle,
Immolant à l'honneur mes plus chers intérêts,
Et me sacrifiant au bien de mes sujets,
Je ferai mon devoir, n'en doute point, Eumène,
Quoique mon ame puisse en éprouver de peine.

E U M È N E.

J'applaudis, avec joie, à de tels sentimens,
D'un magnanime cœur nobles épanchemens.
Allons, Prince, des Grecs enflâmer le courage.
J'oublie, en vous suivant, les glaces de mon âge.

FIN DU PREMIER ACTE.

ACTE SECOND.

SCÈNE PREMIÈRE.

JUSTINIEN, GÉNADE.

JUSTINIEN.

La Princesse en ce lieu m'ordonne de l'attendre.
Elle veut, sans témoins, me parler et m'entendre.
Enfin, voici le jour où, de mes grands projets,
Peut-être, tu verras éclater les effets.
Du plus heureux succès tout m'offre l'apparence,
Génade, et mon bonheur passe mon espérance.

GÉNADE.

Jusques à ce moment, il est bien vrai, Seigneur,
Que tout semble répondre aux vœux de votre cœur.
Le découragement, la mésintelligence,
Croissans, de jour en jour, dans cette ville immense,
Et répandant par-tout leur funeste poison ;
Ce palais même ouvert à la dissention,
Triste effet des chagrins et de la jalousie
Qui, depuis quelque tems, agitent Aspasie,
Et qui l'entraîneront (tout me le fait prévoir)
A des excès qu'à peine on ose concevoir,
Mais d'autant plus certains, que l'Empereur lui-même,
Semble, de plus en plus, par sa froideur extrême,

Inciter cet esprit, superbe et violent,
A se livrer en proie à son ressentiment ;
Et, d'un autre côté, cette offre séduisante
Que le fier Mahomet, par écrit, vous présente,
Où ce prince, pour prix de votre dévoûment,
Vous assure d'avance (il en fait le serment)
L'empire de ces lieux, sous la foi d'un hommage
Qui de cet abandon serait le témoignage,
Empire qu'Aspasie, écoutant son courroux,
Affermirait encore en s'unissant à vous ;
Assurément, Seigneur, toutes ces circonstances,
En les considérant d'après leurs apparences,
Offrent un vaste champ à votre ambition.
Mais d'un flatteur espoir craignez l'illusion :
Craignez que la fortune, aveugle en son caprice,
N'ouvre enfin, sous vos pas, quelque affreux précipice.

J U S T I N I E N.

Est-il danger si grand qui pût me retenir,
Ami, si, par mes soins, je pouvais obtenir
Qu'Aspasie, en ce jour, agréât mon hommage,
Et me permît d'agir au gré de mon courage !
Unissant, confondant nos communs intérêts,
Au but de mes desirs dès-lors je volerais,
De Bysance, dès-lors, je me croirais le maître.
Je vais ici la voir ; et je pourrai, peut-être,
Déterminer son cœur, trop long-tems incertain,
A lier sa fortune à mon heureux destin.
Ce n'est pas que l'amour trouve accès dans mon âme :
J'en abhorre le joug, j'en dédaigne la flâme ;
Et mes sens, à l'abri de cette passion,
Ne peuvent être émus que par l'ambition.
Peu touché des attraits dont brille la Princesse,

J'aime, en elle, son rang, son illustre noblesse,
Ses droits, bien reconnus, au trône de ces lieux :
Voilà ce qui captive et mon cœur et mes yeux,
Et qui peut (je te parle, ami, sans artifice)
De mes vastes projets soutenir l'édifice.
Je n'attends, pour agir, que son commandement :
Et quoique prêt, d'avance, à tout évènement,
Certes, je n'irai point hasarder l'entreprise,
Avant qu'à ce sujet elle ne m'autorise.
Général de l'Empire, ainsi que je me voi,
Il n'est qu'un pas à faire entre le trône et moi.
Quelque soit, néanmoins, cette ardeur qui m'anime,
Génade, à dire vrai, ce pas est un abîme,
Qu'on ne peut contempler sans être intimidé.
Mais, que de la Princesse enfin je sois aidé,
L'abîme n'est plus rien ; plein d'une noble audace,
J'oserai tout tenter pour en franchir l'espace ;
Assuré du succès, si je puis, de son nom,
Seconder les efforts de mon ambition.

 Tels sont mes sentimens, Génade : et la prudence
Guidera ma conduite en cette circonstance.
Je t'ai développé les replis de mon cœur,
Et de ton amitié je suis certain.

GÉNADE.

Seigneur,

Disposez de mon bras, disposez de ma vie ;
Génade vous les offre : et sa plus chère envie,
Est de vous témoigner, en tout tems, en tous lieux,
Combien vos intérêts, pour lui, sont précieux.

JUSTINIEN.

Va, je n'en doute point : et ton zèle sincère,
Me devient, en ce jour, d'autant plus nécessaire,

Que ce n'est qu'à toi seul que j'ose confier
Les secrets de mon ame, et m'ouvrir tout entier.
Il n'est pas, je le sens, de trésor comparable
A la possession d'un ami véritable.

Mais la Princesse vient; éloigne-toi : je vais,
Avant peu, te rejoindre aux portes du Palais.

SCÈNE II.

ASPASIE, JUSTINIEN.

JUSTINIEN.

A vos ordres, Madame, empressé de me rendre,
Pour les exécuter, prêt à tout entreprendre,
Je viens les recevoir ; heureux, si je pouvais
Être à votre service employé désormais,
Et vous prouver l'ardeur du zèle qui m'anime !

ASPASIE.

Bien loin de rejeter cette offre magnanime,
Peut-être j'en pourrai, dès aujourd'hui, Seigneur,
Mesurer l'étendue, estimer la valeur.
Avez-vous, cependant, pris toutes vos mesures,
Pour défendre ma cause, et venger mes injures?
Avez-vous disposé, dans un profond secret,
Tout ce qui peut servir à ce double intérêt?
Êtes-vous assuré qu'une telle entreprise
Aura l'issue, enfin, que vous m'avez promise?
Parmi les citoyens, les chefs, et les soldats,
En comptez-vous beaucoup dont les cœurs et les bras
Nous soient entièrement dévoués?

JUSTINIEN.

Oui, madame.

J'ai de ce grand projet si bien ourdi la trame ,
Que j'ose en espérer des effets éclatans ,
Pourvu qu'à le remplir on ne perde point tems.
Trop de retard pourrait y mettre obstacle : et même ,
Ma crainte , à cet égard , je l'avoue , est extrême ,
En songeant qu'un coup-d'œil imprudemment lancé ,
Qu'un simple geste , un mot au hasard prononcé ,
Peut tout développer , et , dans ces conjonctures ,
Faire perdre le fruit des plus sages mesures.
Je ne vous parle pas du sort qui m'attendrait
En cette circonstance , et que partagerait
Une foule d'amis attachés à ma cause.
Pour des cœurs généreux la vie est peu de chose.
Mais , madame , c'est vous qu'il faudrait plaindre alors.
Vous verriez Constantin , aggravant tous ses torts ,
Insensible à vos maux , dédaignant votre plainte ,
A ses indignes goûts se livrer sans contrainte ,
Et , ne craignant plus rien de vos ressentimens ,
Se faire un jeu cruel d'accroître vos tourmens.
Vous le verriez alors , plein du feu qui l'anime ,
Au faîte des grandeurs élevant Liazime ,
Lui transmettre vos droits sur son trône et son cœur :
Et , de tous vos ennuis pour combler la rigueur ,
Vous le verriez enfin , vous le verriez lui-même ,
Ivre d'un fol amour , ceindre du diadême
Le front de Liazime. Oui , madame , à ces coups
Vous devez vous attendre.

A S P A S I E.

Ah ! que me dites-vous ?
Quelle triste clarté , quelle horreur imprévue ,
Venez-vous de répandre en mon ame éperdue ?
Le funeste avenir que vous me présentez ,

Remplit d'un trouble affreux mes sens épouvantés.
Misérable Princesse, amante infortunée,
Qui ? moi, de Constantin me voir abandonnée !
Voir ma rivale, ô ciel ! souveraine en ces lieux,
Assise sur le trône où régnaient mes ayeux,
La voir, de tous mes droits indigne usurpatrice,
Par l'amour élevée au rang d'Impératrice,
Possédant pleinement le cœur de Constantin,
Et jouissant, en paix, de son heureux destin !
Voir ce couple odieux, hautement, sans obstacle,
D'une étroite union étalant le spectacle,
Triompher de ma peine ! Et moi, dans la terreur,
Je n'exhalerai donc qu'une vaine fureur,
Que les cris étouffés d'une rage inutile ;
Et ma vengeance enfin pourrait être stérile !
Non, non, plutôt subir la plus cruelle mort,
Que de me voir réduite à cet horrible sort !
Je n'en puis soutenir la désolante idée....
Eh bien, Seigneur, à tout me voilà décidée.
Parlez.

JUSTINIEN.

De vos ennuis, Madame, dès ce soir,
Il faut vous affranchir.

ASPASIE.

Eh ! comment le pouvoir ?

JUSTINIEN.

En frappant ce grand coup qui seul doit vous soustraire
A tant d'indignités.

ASPASIE.

Mais, est-il nécessaire,
Pour m'assurer les bras que vous m'avez promis,
De livrer cette ville à nos fiers ennemis?

Quoi ! ne peut-on, sans eux, faire ici reconnaître
Les droits que je possède, et me venger d'un traître?

JUSTINIEN.

Sans leur concours, Madame, eh ! qui pourrait songer
A soutenir vos droits, ainsi qu'à vous venger?
Il faudrait renoncer à ce soin légitime,
Et laisser désormais triompher Liazime.
Privé de cet appui, par quel effort soudain,
Pourrait-on espérer d'abattre un Souverain,
Qui, chéri de son peuple, adoré de l'armée,
Aidé de ses talens et de sa renommée,
Au milieu des horreurs qui croissent chaque jour,
Voit, pour lui, du public accroître aussi l'amour?
   Je sais bien que les maux enfantés par la guerre,
Que les besoins pressans, et l'extrême misère,
Ont, dans beaucoup de cœurs, aigris de leur tourment,
Répandu le poison du mécontentement;
Que, dans Constantinople, on se plaint, on murmure;
Et que la plainte enfin n'est pas loin de l'injure.
Mais, que cette ressource est de peu de valeur,
Sitôt qu'il faut agir avec quelque vigueur!
Dans l'exécution d'un dessein magnanime,
(Dont, aux vulgaires yeux, l'apparence est un crime)
Que ces cœurs mécontens sont un faible support,
Et combien, avec eux, on expose son sort!
A l'aspect du danger, irrésolus, timides,
Ils font tout retomber sur leurs chefs intrépides.
Au lieu qu'en nous donnant un puissant allié,
Pour son propre intérêt, à nos desseins lié,
Dès-lors tout s'applanit et tout change de face.
Ces mêmes mécontens, pleins de zèle et d'audace,
De notre ambition aveugles instrumens,

Sûrs d'être secondés dans leurs soulèvemens,
Impatiens du joug, et las de se contraindre,
Lèvent un front superbe, agissent sans rien craindre,
Des révolutions pressent l'instant fatal,
De la chûte des rois donnent l'affreux signal,
Et vont tomber ensuite aux pieds d'un nouveau maître,
A son autorité contraints de se soumettre.

ASPASIE.

Mais, peut-on croire, aussi, que l'adroit Mahomet,
Dans nos murs introduit, par un accord secret,
S'y borne au vain éclat d'une gloire frivole ?
Et devons-nous, Seigneur, compter sur sa parole?

JUSTINIEN.

Je puis vous présenter un écrit de sa main,
Qui m'assure, en effet, le pouvoir souverain
Sur Bysance et les lieux qui peuvent en dépendre.
A ce pouvoir, d'ailleurs, si j'ose ici prétendre,
C'est pour en faire hommage à vos augustes droits :
Satisfait pleinement de vivre sous vos lois,
D'en devenir l'organe auprès d'un peuple immense,
Avec zèle soumis à votre obéissance,
De vous voir sur le trône, au gré de mon projet,
Madame, et d'être enfin votre premier sujet !

ASPASIE.

Si de vos mains, Seigneur, je tiens un jour l'Empire,
(Je vous l'ai déjà dit, et veux bien le redire,
Sans craindre, à cet égard, de me trop engager)
Je ne le recevrai que pour le partager
Avec mon défenseur, celui qui de ma cause
Fera valoir les droits.

JUSTINIEN.

Ah ! pardonnez, si j'ose,

Me livrant aux transports dont mon cœur est rempli,
Concevoir un bonheur encor plus accompli.
Daignez me pardonner, si j'ose avoir, Madame,
L'audace d'aspirer, dans le fond de mon ame,
A posséder un rang, pour moi bien plus flatteur,
Que le poste éminent et le nom d'Empereur.
Souffrez qu'auprès de vous je brigue un plus beau titre,
Et que de mon destin je vous fasse l'arbitre :
Souffrez qu'à vos regards j'ose faire éclater
La seule ambition qui peut me contenter.
Oui, Madame, en effet, ma plus ardente envie,
Est de vous consacrer et mon cœur et ma vie,
De n'agir que pour vous et pour votre intérêt,
De tout sacrifier à cet unique objet.
Trop heureux, si, bientôt, quelque trait magnanime
Justifie, à vos yeux, cet orgueil qui m'anime,
Et si, par une attache et sans borne et sans fin,
Au comble de mes vœux je parvenais enfin! ....
Cependant, quel hommage offert à tant de charmes,
Que celui d'un guerrier élevé dans les armes,
Qui, pour vous exprimer ses plus chers sentimens,
Ne sait pas employer de vains ménagemens,
Néglige de l'amour la subtile feintise,
Et vous ouvre son cœur avec pleine franchise !

ASPASIE.

Je ne m'offense point, Seigneur, de vos aveux,
Et vois, d'un œil tranquille, où s'adressent vos vœux,
Sans les désapprouver, sans en prendre avantage.
Je ne puis maintenant en dire davantage.
Un jour viendra peut-être, où ce même sujet
D'un nouvel entretien sera, pour nous, l'objet.
D'ailleurs, mon intérêt s'unit avec le vôtre;

Et nous devons, enfin, nous aider l'un et l'autre.

Faites que tout soit prêt vers le déclin du jour :
Et, dès que le soleil achevera son tour,
Sans escorte et sans bruit, dans ce lieu solitaire,
Du tumulte éloigné, convenable au mystère,
Transportez-vous, Seigneur : là, je vous apprendrai
Quel sera le parti qu'alors j'embrasserai.
Allez.

JUSTINIEN.

Je me retire : et votre ordre suprême
Sera, pour moi, Madame, un décret du ciel même.

SCÈNE III.

ASPASIE, seule.

Oui, je veux bien encor, pour ce jour seulement,
Suspendre les effets de mon ressentiment ;
Je veux bien, commandant au trouble de mon âme,
Réprimer les accès du courroux qui m'enflâme,
Laisser à Constantin, par un prompt repentir,
D'un précipice affreux le moyen de sortir,
Enfin, jusques au bout favoriser ce traître.
Le ciel, pendant ce tems, lui donnera, peut-être,
L'heureuse intention (j'ose, au moins, l'espérer)
D'abjurer tous ses torts, et de les réparer.
Mais si, pour son malheur, il hésite, il balance,
Dès-lors, je m'abandonne à toute ma vengeance ;
Dès-lors, plus de pitié, plus de ménagemens ;
Tout se ressentira de mes emportemens.
Oui, tout. Dût cette ville en cendres consumée,
Sous des débris ardens disparaître abîmée ;

Sans nul égard au sexe , à l'âge , ainsi qu'au rang ,
Dût ce peuple nager dans un torrent de sang ;
Pourvu qu'en ces horreurs je puisse reconnaître
L'indigne Constantin , traîné devant un maître ,
Le front dans la poussière , à ses pieds renversé,
Par son ordre , bientôt , de mille coups percé ,
Expirant sous les yeux de ma rivale même ;
Et sur elle , à l'instant, de ma fureur extrême
Assouvir les transports , en plongeant dans son sein
Un poignard tout fumant du sang de Constantin !....

(Après quelques instans de silence.)

Mais quoi , pour satisfaire une aveugle furie ,
Je sacrifîrai donc jusques à ma patrie !
J'irai livrer ces murs , et mes concitoyens ,
Aux flâmes , au pillage , au fer des assassins ,
Immoler l'innocent , pour punir le coupable !
O ciel ! de ces forfaits mon cœur est-il capable?
Puis-je m'associer à de pareils complots ?
Puis-je même vouloir que l'auteur de mes maux ,
Par son sang les expie , au gré de ma vengeance ;
Ou , courbé sous le poids d'une horrible existence ,
Vaincu, chargé de fers , accablé de douleur ,
Qu'il traîne , loin de moi , sa vie et son malheur ?
Puis-je à de tels pensers abandonner mon ame ?
Quoi , tant de cruauté dans le cœur d'une femme !
Ah ! surmontons plutôt , par un sublime effort ,
De nos sens agités le violent transport ;
Sans chercher désormais à venger notre injure ,
Laissons au ciel le soin de punir un parjure ,
Si rien ne peut enfin rappeler, en ce jour,
Son cœur aux sentimens d'un légitime amour.
Faisons plus ; hâtons-nous de dissiper l'orage

Qui, sur ces lieux, bientôt étalerait sa rage;
Offrons au bien public, sans tarder plus long-tems,
Le sacrifice entier de nos ressentimens;
Et, ne nous montrant pas à demi généreuse,
Soyons même, s'il faut, la seule malheureuse.
Oui, c'est à ce parti que je dois me tenir.
Allons.... Mais, à grands pas, ne vois-je point venir
Thaïse? Qui peut donc l'agiter de la sorte?
De quelque évènement, sans doute, qui m'importe,
Pleine de diligence, elle accourt m'informer;
Et son zèle pour moi semble encor l'animer.

SCÈNE VI.

ASPASIE, THAISE.

THAISE.

JE vous cherchais, Madame, et venais vous apprendre
Un fait assez étrange, et qui va vous surprendre.
Liazime, dit-on, par un rare bonheur,
En ce jour, en ces lieux, et près de l'Empereur,
Dans un ami du Prince, a retrouvé son père.

ASPASIE.

Son père! Comment donc cela se peut-il faire?
Etrangère, et, de plus, captive en ce séjour,
De parens Turcomans elle a reçu le jour.
Comment se pourrait-il que la fille d'un Scythe,
Par le sort de la guerre en ce Palais conduite,
Y reconnût un père, à ses larmes rendu?....
Et ce père....

THAISE.

Est Eumène.

4

A S P A S I E.

Ai-je bien entendu ?

O nouvelle accablante, et qui me désespère !
Liazime, dis-tu, vient de trouver un père
Dans Eumène !.... Mais, lui, reconnaît-il, enfin,
Cette esclave pour fille ?

T H A I S E.

Il bénit son destin,
Qui lui fait, en ce jour, le plus beau de sa vie,
Retrouver une fille à son amour ravie,
Au milieu de la paix, dès ses plus jeunes ans,
(Dans un de ces châteaux, où nos Princes, nos Grands,
Fatigués quelquefois du tumulte des villes.
Allaient chercher alors des plaisirs plus tranquilles)
Par quelques Turcomans, sans aveu, sans drapeau,
Qui vinrent assaillir et piller ce château.
Leur chef garda l'enfant, et, n'ayant point de fille,
L'éleva comme un père, au sein de sa famille.
La guerre entre eux et nous bientôt se ralluma :
D'un et d'autre côté bientôt chacun s'arma.
Après plusieurs combats et des pertes diverses,
Des succès glorieux, de fatales traverses,
Dans les champs ennemis guidés par Constantin,
Nos valeureux guerriers pénétrèrent enfin
Jusqu'aux lieux où vivait, dans une douce aisance,
Cette fille d'Eumène, ignorant sa naissance,
Et qui, dès-lors captive une seconde fois,
Revint parmi les siens, pour en subir les lois.
Aujourd'hui Liazime, en nos murs prisonnière,
Voit tout-à-coup changer sa destinée entière.
Un de ces Turcomans, que le sort des combats,
Depuis peu, fit tomber aux mains de nos soldats,

Accablé sous le poids des ans et des blessures,
A déclaré vouloir réparer les injures,
Dont il se sent coupable envers quelqu'un de nous
Qu'il a privé, dit-il, du bonheur le plus doux,
Et, devant l'Empereur, Eumène, et Liazime,
Avant que d'expirer, reconnaître son crime.
Ce prisonnier, d'abord au palais transféré,
Aux yeux de Liazime à peine s'est montré,
Qu'elle a resté, soudain, interdite, éperdue,
Sans pouvoir exprimer sa joie inattendue;
Dans les bras du vieillard, ensuite, s'élançant,
» Mon père ! » a-t-elle dit avec un cri perçant:
» O mon père ! » Et ses pleurs se faisant un passage,
Ont, dans le même instant, inondé son visage. »
» Non, je ne le suis pas, je n'ai point ce bonheur,
Lui répond le vieillard, d'un ton plein de douleur.
» Je pris soin de vos jours : j'élevai votre enfance.
» Mais, d'un autre que moi vous tenez la naissance.
» Apprenez un secret d'où dépend votre sort.
» Ce père, à qui mon bras, par un coupable effort,
» Osa vous enlever, et dont le cœur sensible
» A dû long-tems gémir de cette perte horrible,
» Ma chère Liazime, il est devant vos yeux,
» Il vous voit, vous entend. « —Que dites-vous, ô cieux!
» Ma fille !... Se peut-il !... O jour rempli de charmes ! »
Interrompt tout-à-coup Eumène, l'œil en larmes.
» Oui, c'est elle, répart le guerrier Turcoman,
» Oui, vous êtes son père, et j'en fais le serment.
» N'en doutez pas, seigneur. » Lui-même, alors, raconte,
D'un air où se peignaient la douleur et la honte,
Comment, à la faveur d'une profonde nuit,
Dans le château d'Eumène il s'était introduit,

Avec quelques soldats qui marchaient sous son ordre ;
Comment (la peur et l'ombre augmentant le désordre)
Cet enfant, à sa vue offert en ces momens,
Par un tendre sourire et des embrassemens,
Ouvrit à la pitié son ame dure et fière,
Et calma les transports de sa fureur guerrière.
Enfin , tout ce qu'il a de suite rapporté,
Ne laissant plus, dit-on, la moindre obscurité
Sur ce qui concernait le sort de Liazime,
Cédant au vif transport qui tous deux les anime,
Et le père et la fille, aux yeux de l'Empereur,
Dans les bras, l'un de l'autre, ont volé, pleins d'ardeur,
S'étreignant avec force, et se livrant en proie
Aux doux épanchemens d'une innocente joie.

ASPASIE.

De quel air l'Empereur a-t-il, en ce moment,
Contemplé de leur part un tel rapprochement?

THAISE.

Il a, dans ses regards où brillait l'allégresse ,
Témoigné qu'il était sensible à leur tendresse.

ASPASIE.

Et qu'a-t-il ordonné du vieillard Turcoman ?

THAISE.

Il veut qu'en ce palais, des jours de Soliman,
(C'est le nom de ce Turc) on prenne un soin extrême.

ASPASIE.

Ah ! je n'en doute plus : c'est quelque stratagéme
Qu'on aura sourdement forgé pour arriver
Au but où l'on désire enfin de se trouver.
A l'objet que l'on aime on veut donner du lustre;
On veut que la splendeur d'une naissance illustre,
Justifiant le choix d'un amour insensé,

Permette d'achever ce qu'on a commencé.
Par ce manège adroit on espère , sans doute ,
Au terme souhaité se frayer une route ,
En préparant le peuple à voir, d'un œil content,
Liazime élevée au trône qui l'attend.
Non , non , je ne suis pas dupe de cette ruse;
Et ce n'est point ainsi , Thaïse, qu'on m'abuse.
Enfin , quoiqu'il en soit , nous verrons , avant peu ,
Si toujours l'Empereur compte se faire un jeu
De mes droits à sa main ainsi qu'à sa couronne ,
Ou s'il veut s'exposer, en bravant ma personne ,
Aux risques imminens de l'affreux avenir
Que je puis , d'un seul mot , hâter ou prévenir ;
S'il pense qu'en effet je doive être victime
De l'aveugle penchant qu'il a pour Liazime ;
Si ma rivale ici l'emportera sur moi ,
Et si je dois donner ou recevoir la loi.
Je veux le voir, je veux qu'aujourd'hui , sans réplique,
Sur l'un et l'autre point nettement il s'explique;
Je veux qu'il se décide ; et n'entends nullement
Me payer désormais d'un vain retardement.

ACTE TROISIÈME.

SCÈNE PREMIÈRE.

EUMÈNE, LIAZIME.

EUMÈNE.

MA fille, chère enfant dont la perte cruelle,
Jusqu'à ce jour encor me paraissait nouvelle,
Enfin tu m'es rendue, après quinze ans d'ennui !
Enfin, de ma vieillesse, à compter d'aujourd'hui,
Grace à toi, le déclin, sera pur, sans alarmes;
Et mes yeux vont cesser de répandre des larmes.
Gage si précieux du plus fidèle amour,
Vive image de celle à qui tu dois le jour,
Tu seras tout pour moi, tu seras, je l'espère,
La consolation, la gloire de ton père !

LIAZIME.

Je désire ardemment de remplir cet espoir.
Mais, comment le pourrai-je ?

EUMÈNE.

En faisant ton devoir.

LIAZIME.

Ah ! veuillez m'en instruire; et j'ose vous promettre
De ne point différer, Seigneur, à m'y soumettre.
Que dois-je faire ?

EUMÈNE.

Eh bien, il faut, dès ce moment,

A ton fatal amour renoncer pleinement.

LIAZIME.

Quel sacrifice !

EUMÈNE.

Il faut, par cet effort sublime,
Déployer l'ascendant d'une ame magnanime,
En immolant, de suite, au devoir, à l'honneur,
Tout, jusqu'au sentiment de ton propre bonheur.

LIAZIME.

Je dois, sans balancer, vous obéir, vous plaire....
Mais quoi, n'êtes-vous point de race consulaire ?
Ne descendez-vous pas de ces anciens Romains,
Qui firent, sous leurs lois, fléchir tous les humains ?
Dans les premiers emplois où l'amour-propre aspire,
Vos ayeux n'ont-ils pas toujours servi l'Empire,
Comblés d'honneurs, de biens ? Et, pour tout dire enfin,
Eumène n'est-il pas l'ami de Constantin,
Et des grands de sa cour le plus considérable ?

EUMÈNE.

Ma naissance et mon rang n'ont rien que d'honorable ;
Je le sais.

LIAZIME.

Eh, pourquoi votre fille, en ce jour,
Aux charmes séduisans d'un mutuel amour,
N'oserait-elle donc abandonner son âme ?
J'adore Constantin ; il partage ma flâme ;
Et nos deux cœurs, unis par le plus doux rapport,
A s'aimer tendrement semblent être d'accord.
Pour la fille d'Eumène, et non pour Liazime,
L'Empereur ne peut-il, d'un penchant légitime,
Sans honte et sans danger, suivre l'impulsion ?
Doit-il absolument vaincre sa passion ?

Le trône qu'il occupe est-il une barrière
Qui s'élève entre nous? Serais-je la première,
Qui, devant sa naissance à d'illustres parens,
Se verrait, sans égard au préjugé des rangs,
Par l'amour élevée à la grandeur suprême,
Etalant, sur son front, l'éclat du diadême?
Ce n'est pas que mon cœur attache quelque prix
A ce rang dont je vois tant d'autres cœurs épris.
Je ne me livre point à cette folle ivresse.
Toute entière à l'amour, pleine de ma tendresse,
Loin de la vanité qu'inspire la grandeur,
D'un pompeux appareil dédaignant la splendeur,
Ne m'attachant enfin qu'à la personne même,
Ce n'est pas l'Empereur, c'est Constantin que j'aime.
La pourpre qui le pare a pour moi peu d'attraits.
Je l'aimerais autant, sans trône et sans palais,
Dans une humble chaumière à l'amour consacrée,
Et d'un monde envieux à jamais ignorée.
Enfin, pour satisfaire aux lois d'un faux honneur,
O mon père, doit-on renoncer au bonheur?

E U M È N E.

Non : mais, pour s'assurer d'un bonheur illusoire,
Doit-on sacrifier jusqu'à sa propre gloire?
Oublier, en faisant tout rapporter à soi,
Que l'intérêt public est la suprême loi?
Balancer, en un mot, le salut de l'Empire,
Avec les vains attraits d'un amoureux délire?
    Aspasie, en ces lieux, a des prétentions,
Que pourraient appuyer d'ardentes factions,
Redoutables, sur-tout, quand leur rage effrénée
Vient se joindre au fléau d'une guerre acharnée.
Aspasie est du sang des fameux Lascaris,

Qui, de l'Empire grec rassemblant les débris,
En surent conserver le précieux domaine,
Au trône d'Orient successeurs des Comnène,
Par les Paléologue ensuite remplacés.
Elle est ambitieuse.... et c'est en dire assez.
Pour préserver ces lieux d'une guerre intestine,
Pour soutenir l'Etat, penchant vers sa ruine,
De l'intérêt commun la tyrannique voix,
Exige que l'hymen, confondant tous les droits,
Par des liens garans d'une pleine harmonie,
Unisse à Constantin la superbe Aspasie.
L'Empereur a promis d'accomplir cet hymen.
Pourrait-il se résoudre à retirer sa main,
A violer ainsi la foi qu'il a jurée ?
Et sa promesse, enfin, n'est-elle pas sacrée ?
Mais, d'un penchant fatal si les égaremens
Pouvaient lui faire, un jour, oublier ses sermens,
Je frisonne d'avance, à la seule pensée
Des maux que produirait son erreur insensée.
On verrait Aspasie, en cette occasion,
Déployant l'étendart de la rebellion,
Répandre promptement, au sein de cette ville,
Toute l'horreur qui suit la discorde civile.
On verrait aussitôt, dans nos murs investis,
Parmi les citoyens, s'élever deux partis,
Qui, ne consultant plus qu'une aveugle furie,
Dans un gouffre de maux plongeraient la patrie,
Et, livrés, tout entiers, à leur acharnement,
De sa subversion hâteraient le moment,
En la précipitant sous le cruel empire
De l'ennemi commun armé pour la détruire;
Comme on vit nos ayeux, dans Bysance, aux Français,

Jadis, par leur discorde, ouvrir un libre accès.
Eh ! combien notre sort deviendrait effroyable !
C'est alors qu'on verrait le Turc impitoyable,
Suivant le brut instinct de sa férocité,
Nous courber sous le joug de la captivité,
Après avoir couvert, de sang et de ravage,
Ces lieux, ces tristes lieux, théâtre de sa rage,
Et pour dernier forfait, après avoir, enfin,
(J'en frémis) arraché la vie à Constantin.
Hélas ! ce n'est qu'au prix d'une si chère tête,
Que Mahomet pourrait assurer sa conquête.
De la raison d'état le cruel intérêt,
Pour le faire périr, seul alors suffirait ;
Quand bien même, envers lui, son ennemi barbare,
Affectant les dehors d'une clémence rare,
Et démentant ainsi son caractère affreux,
Voudrait sauver les jours d'un Prince malheureux.

Voilà, n'en doute point, voilà dans quel abîme,
Un amour déréglé, coupable, illégitime,
Plongerait ta patrie, et tout ce qui t'est cher.
De ton cœur, ô ma fille ! il le faut arracher.
Il faut à mes conseils qu'enfin tu t'abandonnes :
Il faut.... Mais dans mes bras, tu trembles, tu frisonnes.
Tu détournes de moi tes yeux noyés de pleurs !
Tu gémis !

L I A Z I M E.

Pardonnez, de grace, à mes douleurs.
Ne me reprochez point un reste de faiblesse,
Que, déjà, ma raison condamne.... et qui vous blesse.
Mon père, à vos avis je veux me conformer,
Surmonter un amour qui m'a trop su charmer,
Ou, (si je ne le puis) dans le fond de mon âme,

En concentrer, du moins, la dangereuse flâme,
Donner à Constantin l'exemple du devoir,
Tâcher de l'oublier, renoncer à le voir,
Et hâter, par mes vœux exempts de jalousie,
L'instant qui doit l'unir à la fière Aspasie.
Vous m'avez fait trembler, en offrant à mes yeux
Le tableau des malheurs qui couvriraient ces lieux,
En me représentant la patrie éplorée,
Par ses propres enfans aux Barbares livrée,
Si Constantin et moi suivions un fol amour,
D'où pourraient naître, hélas! tant de maux en un jour:
Et mon cœur, s'arrachant à sa fatale ivresse,
En fuira désormais l'amorce enchanteresse.
J'ose vous l'assurer.

                    EUMÈNE.

        O doux contentement!
O triomphe d'un père! Ah, c'est dans ce moment
Que je te reconnais pour mon sang, pour ma fille.
Unique rejeton de toute ma famille,
Qu'un heureux sort me rend, qui, de mes derniers jours,
Après tant de soucis, vas embellir le cours,
Ta résolution, généreuse et sublime,
T'assurera du peuple et l'amour et l'estime!
Sois à jamais la même, et conserve, crois-moi,
Ces nobles sentimens que j'admire dans toi.

SCÈNE II.

ASPASIE, EUMÈNE, LIAZIME, THAISE.

ASPASIE.

ME confirmerez-vous ce que je viens d'apprendre,

Et qui , certainement , a lieu de me surprendre ?

Sage Eumène, est-il vrai que la faveur des cieux

Vous a fait retrouver , en ce jour , en ces lieux,

Un enfant qui vous fut ravi dès son bas-âge ,

Et qui seul aurait pu charmer votre veuvage?

Est-il vrai (ce qu'au moins ajoute un tel rapport,

Peu croyable , du reste , et dont je doute fort)

Qu'une simple captive , en nos murs détenue ,

A ce titre , est par vous hautement reconnue,

Et qu'enfin Liazime est votre fille ?

E . U M È N E .

En quoi

Ce rapport est-il donc si peu digne de foi,

Madame? Et qui pourrait vous empêcher de croire

Ce dont, aux yeux de tous , j'ose me faire gloire?

Ma fille était captive : oui, mais ce triste état

Ne peut de sa vertu que relever l'éclat.

Dans cet abaissement, et dans son infortune,

Elle a su déployer une ame peu commune;

Elle a su se roidir contre l'adversité,

Et n'a point à rougir de sa captivité.

Pour ma fille , en un mot , j'ai dû la reconnaître,

Madame ; à tous égards , elle est digne de l'être ;

Et, si vous en doutez , ses nobles sentimens

Pourront vous en convaincre , avant qu'il soit long-tems.

Je sais de quels soupçons votre ame est possédée :

Mais , n'en conservez plus l'injurieuse idée.

Liazime connaît son devoir et vos droits;

Elle chérit l'honneur, elle en suivra les lois ;

Elle triomphera de toute sa faiblesse :

Sa bouche , avec candeur , m'en a fait la promesse.

D'un cœur tel que le sien l'austère pureté,

M'empêche de douter de sa sincérité.

LIAZIME.

Oui, je vous l'ai promis; oui, quelque soit ma peine,
Je saurai me montrer digne fille d'Eumène,
Et, par ma déférence à vos sages avis,
Accomplir pleinement tout ce que j'ai promis.
Oui, je saurai me vaincre : et, quoiqu'il en puisse être,
Madame, vous pourrez, avant peu, me connaître,
Et voir si ma conduite est indigne du rang
Où m'élève aujourd'hui la gloire de mon sang.

ASPASIE.

Puis-je croire, en effet, ce que je viens d'entendre?
A de tels sentimens aurais-je pu m'attendre?
En cette cour perfide, où la corruption,
L'intérêt personnel, l'aveugle ambition,
Versent dans tous les cœurs leur poison détestable,
Vous montrez des vertus l'exemple respectable !
Exemple vraiment rare, et que, sans l'imiter,
On se contente ici de louer, d'exalter.
Pleine d'étonnement, j'admire, en Liazime,
Ce généreux élan d'une ame magnanime,
Cet effort d'un grand cœur, dont la noble fierté
Peut ainsi maîtriser la sensibilité.
Un si beau dévoûment fait assez reconnaître
Qu'elle est du sang d'Eumène, ou digne, au moins, d'en être.
Ah! puisse Constantin, de remords combattu,
Rappeler dans son cœur sa première vertu,
Imiter Liazime, et, par là, se convaincre
Qu'il n'est point de penchant que l'on ne puisse vaincre !
De vos prudens conseils puisse-t-il profiter!

EUMÈNE.

Je vais le voir, madame : et j'ose me flatter

D'un succès favorable au bien de cet Empire.

J'ose espérer qu'au gré de l'ardeur qui m'inspire ,

Dès ce jour, Aspasie, unie à Constantin ,

N'aura plus qu'à bénir le ciel de son destin ;

Que nos divisions vont enfin disparaître ,

Et que l'ordre et la paix en ces lieux vont renaître.

Oui , vos deux cœurs unis par les plus doux liens ,

Rapprocheront les cœurs de nos concitoyens ,

Doubleront nos moyens de force et de défense ,

Et de nos ennemis confondront l'espérance.

Je vais accélérer ces instans précieux ,

Dont nous aurons ensuite à rendre grace aux cieux.

SCÈNE III.

ASPASIE, THAISE.

ASPASIE.

JE ne puis contenir l'excès de ma surprise.

L'ai-je bien entendu ? Croirai-je donc , Thaïse ,

Qu'au penchant de sa fille , en effet, opposé ,

Eumène soit pour moi noblement disposé ?

Croirai-je qu'en effet oubliant qu'il est père ,

Et déployant une ame au-dessus du vulgaire ,

Près de Constantin même il veuille être , aujourd'hui ,

De la triste Aspasie et l'organe et l'appui ?

Peux-je croire , surtout , qu'à la fleur de son âge ,

Fière de ses attraits, et du brillant hommage

Que bientôt l'Empereur , sans doute , leur rendra ,

Fille d'Eumène , enfin , Liazime pourra

Surmonter le penchant dont son ame est charmée ,

Renoncer au plaisir d'aimer et d'être aimée,
Eteindre de ses sens le feu désordonné,
Et rejetter les vœux d'un amant couronné?
Un tel effort est-il au pouvoir d'une femme?
Peut-on être à ce point maîtresse de son ame?

(Après un moment de silence.)

Non, je ne le crois pas. C'est pour me tromper mieux,
C'est pour mieux attacher le bandeau sur mes yeux,
Qu'affectant, devant moi, ces sentimens sublimes,
L'un et l'autre étalaient de si rares maximes.
Ils me trompaient, Thaïse. Et j'ai pu croire, moi,
Que le père et la fille étaient de bonne foi !
Au milieu d'une cour où règnent tous les crimes,
J'ai cru trouver deux cœurs vertueux, magnanimes,
De leur propre intérêt ennemis généreux !
Quelle était mon erreur !.... Peut-être que tous deux,
Comblant, en ce moment, leur vile perfidie,
Aux yeux de l'Empereur noircissent Aspasie,
La présentant à lui sous d'indignes couleurs;
Peut-être qu'abusant de mes propres malheurs,
Et du ressentiment qu'un tel état m'inspire,
(Hélas! quand dans les pleurs je languis et j'expire)
Ils osent m'accuser d'un excès de fierté,
Et, qu'enfin, profitant de ma crédulité,
Sur mon abaissement, fruit de leur artifice,
De leur grandeur prochaine ils fondent l'édifice.
Mais, Thaïse, crois-moi; de ce lâche attentat
Un sinistre avenir sera le résultat.

T H A Ï S E.

Eh ! pourquoi leur prêter cette conduite infame?
Oserai-je, plutôt, vous observer, Madame,
Que votre cœur, en proie à d'aveugles soupçons,

Conçoit trop aisément d'horribles trahisons ?
Vous accusez de fraude Eumène et Liazime.
Cette prévention est-elle légitime ?
Sur quoi l'appuyez-vous ? Et quel est le sujet
Qui puisse vous porter à les prendre, en effet,
Pour d'indignes suppôts d'une cour corrompue,
Livrée aux factions, à l'intrigue vendue?
Ah ! c'est de vos soupçons pousser trop loin l'abus.
Croyez qu'il est encore ici quelques vertus;
Croyez que, dans ces lieux, l'influence du vice
N'a point entièrement étouffé la justice,
Banni de tous les cœurs l'austère probité,
L'honneur, la bonne foi, la générosité.
Eumène et Liazime en sont, pour moi, le gage.
Le mensonge ne peut emprunter leur langage,
Ce ton de vérité, qui brille, sans détours,
Dans leurs gestes, leurs yeux, et leurs moindres discours,
Et qui dénote, enfin, qu'avec toute assurance
Vous pouvez accorder une pleine créance
A leurs engagemens.

                    A S P A S I E.

          Moi, Thaïse, y compter,
Quand ici tout me fait une loi d'en douter!
Je sais comme à la cour on peut se contrefaire,
Et s'y montrer souvent à soi-même contraire.
En ce gouffre d'horreurs, en cet affreux séjour,
Thaïse, tu le sais, j'ai vécu plus d'un jour;
J'y suis née; et j'ai trop appris à la connaître,
Pour croire qu'on y soit ainsi qu'on feint de l'être.
Mais, malheur à quiconque osera m'outrager !
Je suis bien décidée à ne rien ménager ;
Et ne sais pas, moi-même, en cette circonstance,

Où pourra m'entraîner l'ardeur de la vengeance.
Enfin, je te le dis, si l'on me pousse à bout,
Je suis prête à tout faire, et capable de tout.
Rien ne m'arrêtera.

THAISE.

Puis-je croire, Madame,
Qu'un tel emportement trouve accès dans votre ame?
Ah! surmontez plutôt cet aveugle courroux,
Pernicieux effet d'un sentiment jaloux.

ASPASIE.

Non, je ne serai pas impunément trahie,
Ou bien, dans les transports d'une juste furie,
Je sacrifirai tout.

THAISE.

A quelle extrémité
Vous entraînera donc votre animosité?
Au reste, je vous suis pleinement dévouée,
Madame; à votre sort, dès l'enfance, liée,
Rien ne peut, désormais, me séparer de vous.
Quelques soient vos desseins, il me paraîtra doux
D'embrasser le parti d'une auguste Princesse,
Que je respecterai, que j'aimerai sans cesse.

ASPASIE.

Je puis te faire part de mes desseins secrets.
Je sais que, toute entière à mes seuls intérêts,
Tu m'as, jusqu'à présent, avec zèle servie,
Consacrant près de moi ta personne et ta vie.
Je ne dois plus avoir rien de caché pour toi,
Thaïse, et je veux bien me fier à ta foi.

THAISE.

Vous le pouvez, Madame.

A s p a s i e.

Apprends ce qui se passe ;
Apprends que, dans ces lieux, tout va changer de face,
Dès que j'en donnerai le terrible signal.

Aussi brave soldat qu'habile général,
Justinien, pour moi, prêt à tout entreprendre,
Secrètement ici, doit, avant peu, se rendre.
Suivant l'arrêt qu'alors ma bouche aura dicté,
Par lui le coup fatal, cette nuit, est porté ;
Bysance, aux Turcomans, cette nuit, est livrée.
A peine Mahomet y fera son entrée,
Que, me rétablissant au rang de mes ayeux,
Il me reconnaîtra souveraine en ces lieux.
Tel est l'engagement qu'il a souscrit lui-même.
Et, tandis que par lui la dignité suprême
Me sera conférée, en ce même moment,
Je verrai dans les fers l'auteur de mon tourment,
Gémissant, mais trop tard, de m'avoir outragée :
Et je serai, pour lors, entièrement vengée.

T H A I S E.

Quelle vengeance, ô ciel ! Quel coup de désespoir !
N'en frémissez-vous pas ? Croyez-vous donc pouvoir,
Comptant trop sur la foi d'un ennemi barbare,
Calculer les horreurs que ce grand coup prépare ?
Dès-lors, que deviendra cette vaste cité,
En proie à la fureur, à la brutalité
D'un amas de brigands, monstres sans discipline,
Pour qui la guerre n'est que le droit de rapine,
Qui, tels que des vainqueurs féroces, inhumains,
Y paraîtront, la torche et le fer dans les mains ?
En cet affreux cahos d'horreurs incalculables,
Quels seront les sermens sacrés, inviolables,

Aux yeux d'un chef perfide, et dont la volonté
Sera la loi suprême et l'unique traité !
Hélas ! puisse le ciel vous détourner, madame,
D'un projet qui me semble indigne de votre ame !

A S P A S I E.

Je veux voir Constantin : lui seul va me fixer
Au parti que je dois, dès ce jour, embrasser.
Il n'a qu'à dire un mot, pour calmer la tempête,
Pour détourner les coups qui menacent sa tête.

   Mais quoi ! Justinien s'avance vers ces lieux,
Avant le tems prescrit !.... J'apperçois, dans ses yeux,
De quelque inquiétude une légère empreinte;
Et son front, malgré lui, décèle sa contrainte.

SCÈNE IV.

ASPASIE, JUSTINIEN, THAISE.

J U S T I N I E N.

Madame, l'Empereur me mande; et, sans délais,
Il veut que, près de lui, je me rende, au Palais.
Cet ordre me surprend ; j'en ignore la cause.
A-t-il de nos desseins découvert quelque chose,
Et pense-t-il de moi tirer, à ce sujet,
Des éclaircissemens ? Serait-ce là l'objet
Qui m'appelle vers lui ? Mais, quoiqu'il en puisse être,
Des secrets de mon cœur je serai toujours maître :
A les développer rien ne me forcera.
Dans le fond de ce cœur nul œil ne percera.
C'est de quoi j'ose ici vous assurer, madame.

A S P A S I E.

Je connais assez bien la trempe de votre ame,
Seigneur, pour n'être point en peine à cet égard.
Allez voir l'Empereur , avant qu'il soit plus tard.
S'il a de nos projets quelque confus indice,
Endormez ses soupçons au bord du précipice.
Dans deux heures, au plus, je vous rejoins ici.
Par moi-même, dès-lors, vous serez éclairci,
Sans que rien puisse encor me tenir en balance,
(C'est de quoi je vous donne une pleine assurance)
Sur le parti qu'enfin mon ame embrassera,
Et dont rien désormais ne me détachera.

S C È N E V.

J U S T I N I E N , *seul.*

GRACE au ciel, dès demain, je verrai donc, peut-être,
Mes souhaits accomplis. Demain, je serai maître,
De sujet que j'étais; le sceptre dans les mains,
A mes pieds je verrai la foule des humains;
Couvrant, aux yeux des rois et d'Europe et d'Asie,
Mon usurpation , par l'hymen d'Aspasie ,
Et possédant enfin , dans ce jour glorieux,
Un trône, une Princesse, objets de tous mes vœux.
Au faîte des grandeurs me voilà près d'atteindre.
Mais, en un tel état, que n'ai-je point à craindre?
Qui pourrait , sous ses pas, contempler, sans frémir,
Un abîme entr'ouvert, et prêt à l'engloutir?....
Quelque soit, néanmoins, le sort qui le menace,
Il n'est rien que mon cœur n'affronte avec audace,

Pour parvenir au but où tend son noble effort.
Ou je m'élève au trône, ou je cours à la mort.

SCÈNE VI.

CONSTANTIN, JUSTINIEN, EUMÈNE,
Gardes dans l'enfoncement.

CONSTANTIN.

Un bruit étrange ici commence à se répandre.
Justinien sait-il qu'on parle de se rendre,
Que des traîtres, vendus à nos fiers ennemis,
Dans les postes divers à leur garde commis,
Au signal convenu, doivent les introduire,
Par ce coup désastreux renverser cet Empire,
En livrant leur patrie et leurs concitoyens
Aux fureurs des brigands, aux fers des assassins;
Que, lassé d'un long siège et de la résistance
Qu'oppose à ses efforts notre rare constance,
Avant de s'éloigner, et prêt à nous quitter,
Le tyran d'Andrinople a cru devoir tenter
Cet indigne moyen, cette ressource infame,
Qui d'une juste horreur remplit une grande ame,
La noire trahison? (1)
JUSTINIEN.
                Jusqu'à présent, Seigneur,
J'ignorais pleinement une telle rumeur:
C'est vous qui, le premier, m'en donnez connaissance.
Je ne sais d'où ces bruits ont pu prendre naissance.

---

(1) Eumène observe, avec inquiétude, Justinien, durant le cours de
cette scène.

Tantôt sur nos remparts, et tantôt dans nos forts,
Employant, nuit et jour, mes soins et mes efforts,
A préserver ces lieux du sort qui les menace,
A remplir dignement les devoirs de ma place,
Je n'ai point apperçu, dans le moindre soldat,
Quelque indice apparent d'un semblable attentat.
Rangé sous ses drapeaux, le brave militaire,
Plein de zèle et d'honneur, sait combattre et se taire.
Des citoyens, peut-être, indignes de ce nom,
Ont pu former le plan de quelque trahison.
En ce cas, je saurai (grace à ma vigilance)
Rompre le fil obscur de leur intelligence,
— De ces conspirateurs déjouer les desseins,
Et rendre leurs complots infructueux et vains.

CONSTANTIN.

De ce soin important sur vous je me repose.
Un autre objet m'occupe. Il faut, sur toute chose,
Que, dès cette nuit même, à l'heure où le sommeil,
Plus calme et plus profond, éloigne le réveil,
Nos vigilans guerriers et leurs chefs intrépides,
S'élancent hors des murs, nous ayant pour leurs guides,
Dans le camp ennemi fondent avec fureur,
Y répandent soudain le trouble et la terreur,
Et, par cette sortie heureuse et bien conduite,
Entraînant Mahomet dans une prompte fuite,
Ils renversent ainsi les projets odieux
Des traîtres disposés à lui livrer ces lieux.
Ce coup de main hardi, cet acte de vaillance,
S'il est bien dirigé dans cette circonstance,
Peut être accompagné du plus heureux succès,
En ouvrant, à nos murs, un libre et sûr accès,
Et fixant près de nous la fortune inconstante.

Allez, disposez tout au gré de mon attente.
A combattre avec nous préparez le soldat,
Mais, que de tels apprêts se fassent sans éclat;
Afin que l'ennemi, par le moyen d'un traître,
De nos desseins cachés ne puisse rien connaître.
Dès qu'il en sera tems, j'irai me joindre à vous,
Pour agir de concert, et mieux porter nos coups.

JUSTINIEN.

A parler franchement, cette noble entreprise
N'a rien que je n'admire et que mon cœur ne prise.
Mais d'extrêmes périls l'accompagnent, Seigneur;
Et le succès en est incertain.

CONSTANTIN.

Non, l'honneur.

Si l'ennemi sur nous remporte la victoire,
Nous ne succomberons que tout couverts de gloire,
Et victimes, au moins, d'un généreux effort.

JUSTINIEN.

Je cours vous obéir, Seigneur, avec transport,
En pensant, comme vous, qu'un trépas honorable,
Au plus brillant succès peut être comparable.

SCÈNE VII.

CONSTANTIN, EUMÈNE, Gardes dans
l'enfoncement.

CONSTANTIN.

Oui, j'espère trouver, par ce dernier effort,
Chez nos fiers ennemis, la victoire ou la mort.
Que je triomphe d'eux, ou qu'ils m'ôtent la vie,

Mon sort, dans tous les cas, sera digne d'envie.

Mais d'un trouble secret tu me parais atteint ;
Tu gardes le silence ; et dans tes yeux se peint
La sombre inquiétude. Aurais-tu, cher Eumène,
Quelque nouveau sujet de tristesse et de peine?
Ce trésor précieux que le ciel t'a remis,
Dont sa bonté prit soin parmi nos ennemis,
Ta fille est près de toi. Ses vertus et ses graces,
Ne devraient-elles pas anéantir les traces
De tes ennuis passés?

E U M È N E.

Pardonnez, si mon cœur
Reçoit trop aisément l'empreinte du malheur.
L'expérience, hélas ! rend souvent la vieillesse
Soupçonneuse, inquiète : un rien souvent la blesse.
J'ose vous l'avouer, Seigneur ; en ce moment,
Vous me voyez saisi d'un noir pressentiment.
Nous sommes avertis qu'en secret l'on conspire,
Et qu'un complot affreux menace cet Empire.
On n'en désigne point encore les auteurs :
Nous ignorons les noms de ces conspirateurs.
Mais, en jettant les yeux sur cette horrible trame,
Si j'en crois mes soupçons, Aspasie en est l'ame,
Justinien, le bras, l'instrument principal.

C O N S T A N T I N.
Justinien !

E U M È N E.

Lui-même. Oui, ce grand Général,
Le soutien de l'État, n'est aujourd'hui, peut-être,
(Puissé-je me tromper !) qu'un scélérat, un traître.

C O N S T A N T I N.
Ne les accusons pas sans de justes raisons.

EUMÈNE.

Je ne veux point, Seigneur, sur de vagues soupçons,
Les noircir à vos yeux, et les juger coupables.
Mais, vous savez de quoi peut nous rendre capables
D'un penchant effréné l'aveugle impulsion,
Le transport de l'amour et de l'ambition.
Votre main et le trône, à la fière Aspasie,
Sont promis dès long-tems. Sa triste jalousie
N'a pu voir, sans aigreur, le peu d'empressement
Que vous avez montré, jusques à ce moment,
Pour former ces liens qu'exige la prudence.
Orgueilleuse des droits qu'en cette circonstance
Au rang de ses ayeux elle prétend avoir,
Tout lui sera permis pour les faire valoir.
Ce palais a déjà retenti de ses plaintes,
De ses menaces même ; et j'en crains les atteintes.
Quant à Justinien, pour n'en pas dire plus,
Il a de grands talens, et n'a point de vertus.
Ce n'est pas le devoir, c'est l'orgueil qui l'enflâme.
L'ardente ambition qui dévore son âme,
Est de ses actions le mobile secret :
Et je ne connais rien que, pour son intérêt,
Tôt ou tard il ne soit capable d'entreprendre.
A n'en pouvoir douter, je viens même d'apprendre,
Que bien souvent, Seigneur, dans l'ombre de la nuit,
Il est, près d'Aspasie, en silence, introduit.
A tout considérer, de telles entrevues,
Clairement, de leur part, dénotent quelques vues,
Qui n'ont point pour objet une intrigue d'amour.
D'après leurs sentimens connus jusqu'à ce jour,
D'un semblable commerce il n'est pas d'apparences.
A quoi donc rapporter ces longues conférences,

Ces visites, qu'un tiers gêne par son aspect,
Et de leurs liaisons le mystère suspect?
S'il faut tout dire enfin, lorsqu'en votre présence
Justinien tantôt a paru, son silence,
Ses discours, son maintien, m'ont annoncé d'abord
Un coupable interdit, et se faisant effort
Pour cacher à vos yeux son embarras extrême.
Le crime, bien souvent, se découvre lui-même :
Et, dans Justinien, tout m'en offre les traits.
Puissent de tels soupçons, au gré de mes souhaits,
Etre sans fondement! Mais, dans cette occurence,
La sûreté, Seigneur, naît de la défiance;
Au salut de l'Etat sans cesse on doit songer,
Observer tout, voir tout, et ne rien négliger.

CONSTANTIN.

Oui, tu m'ouvres les yeux; oui, je crains qu'Aspasie,
Dans l'aveugle transport dont son ame est saisie,
Cherchant à satisfaire (et n'importe comment)
Sa jalouse fureur, son fier ressentiment,
N'ait embrassé, peut-être, un parti trop funeste,
Et que Justinien n'ait opéré le reste ;
Qu'à son ambition donnant un libre cours,
Offrant à la Princesse un perfide secours,
L'emploi de ses talens, le soutien de ses armes,
Flattant de cette femme et l'orgueil et les charmes,
Irritant son esprit, il ne l'ait, en effet,
Associée à lui dans quelque noir projet.

Mais, de l'un et de l'autre observons la conduite.
Eclairons tous leurs pas : et nous verrons ensuite,
Comme Prince et Ministre amis de l'équité,
Ce qu'il faudra résoudre en cette extrémité.

FIN DU TROISIÈME ACTE.

ACTE QUATRIÈME.

SCÈNE PREMIÈRE.

CONSTANTIN, LIAZIME.

LIAZIME.

J'OSE vous en prier, ne tardez plus, Seigneur,
A satisfaire aux loix que vous dictent l'honneur,
L'intérêt de l'Etat, votre sûreté même,
A remplir vos sermens; de quelque peine extrême
Que votre cœur sensible en puisse être affecté.
Soumettez-vous, de grâce, à la nécessité :
Dans ce moment, hélas! c'est moi qui vous en presse.
Que l'attrait dangereux d'une aveugle tendresse,
Ne vous fasse donc pas négliger, plus long-tems,
Des devoirs, dont l'oubli peut, dans quelques instans,
Amener de grands maux.

CONSTANTIN.

Quoi, faut-il, Liazime,
Que je sois de l'État la première victime?
Sans l'aveu de mon cœur, faut-il donner ma main,
M'enchaîner, à jamais, par les nœuds de l'hymen,
Attacher à mon sort, prendre, enfin, pour épouse,
Une femme hautaine, et dont l'ame jalouse,
Aux plus affreux transports livrée incessamment,

Pour moi , d'un tel hymen ferait un long tourment ?
Non : par cette union d'amertume suivie ,
Je ne puis renoncer au bonheur de ma vie ,
Et perdre ainsi l'espoir de surmonter , un jour ,
L'obstacle qui s'oppose au but de mon amour.
Ce doux espoir m'enflâme : et j'ose croire, même ,
Qu'un front si plein de grace , orné du diadême ,
Des grands , et de l'armée , et d'un peuple nombreux ,
Réunirait bientôt le suffrage et les vœux.
Don de charmer les cœurs , vertus , beauté , naissance ,
Rien ne dépare en vous la suprême puissance :
Et l'amour , confirmant des droits aussi sacrés ,
Peut du trône , pour vous, applanir les degrés.

L I A Z I M E.

Ah! cessez de m'offrir une espérance vaine ,
Dont l'image ne fait que redoubler ma peine.
Que dis-je? en ce moment, un austère devoir
Trouble jusqu'au plaisir que je sens à vous voir.
J'ose à peine goûter ces instans pleins de charmes :
Et mes yeux, malgré moi , se remplissent de larmes,
Quand je songe qu'il faut renoncer , pour jamais ,
Au bonheur d'être à vous, et vous fuir désormais.
Loin de votre présence , et dans le sein d'un père,
Me livrant , sans contrainte , à ma douleur amère ,
Au moins , j'aurai , Seigneur , la triste faculté
De gémir, de pleurer en toute liberté :
Tandis que Constantin , par un effort sublime ,
A la fière Aspasie immolant Liazime ,
Pour calmer de l'État les troubles intestins ,
Au sort de la Princesse unira ses destins.

C O N S T A N T I N.

Qui? moi , faire , en ce jour , un pareil sacrifice?

Eh ! le pourrai-je, ô ciel !

LIAZIME.

Il faut qu'il s'accomplisse.

Oui, tout vous en prescrit la rigoureuse loi.

Hélas! d'un tel arrêt qui souffre plus que moi?

Pour vous, n'en doutez point, mon amour est extrème.

En m'arrachant à vous, je m'arrache à moi-même :

Et, dans cet abandon, il n'est plus, pour mon cœur,

(Je ne le sens que trop) ni repos, ni bonheur.

Mais, aux loix du devoir, une ame vertueuse

Soumet des passions la fougue impétueuse.

C'est vous en dire assez. La raison et l'honneur

Vous feront triompher (je l'espère, Seigneur)

D'un dangereux amour, d'un penchant trop funeste.

L'intérêt de l'État vous dictera le reste.

Près de vous, plus long-tems, je ne puis demeurer.

Adieu, Prince.

CONSTANTIN.

Quoi donc, il faut nous séparer!

LIAZIME.

Servons d'exemple à tous, et montrons, l'un et l'autre,

Qu'on peut vaincre l'amour, en surmontant le nôtre.

A ce noble dessein livrons tous deux nos cœurs.

Disputons la victoire, et nous serons vainqueurs.

J'emporte, en vous quittant, cette flatteuse idée ;

Et m'éloigne de vous, Seigneur, persuadée

Qu'un généreux effort nous fera triompher

D'un amour qu'en nos cœurs nous devons étouffer,

Afin d'en prévenir la sinistre influence.

CONSTANTIN.

Je ne puis résister à sa douce éloquence.

C'en est fait, je me rends : d'un pénible devoir

Je subirai la loi. Mais, ne plus vous revoir!
Me priver désormais de cette jouissance!
Un si cruel effort n'est pas en ma puissance,
Liazime; et ma bouche en ferait le serment,
Que mon cœur dénirait un tel engagement.
Cependant je vous laisse éloigner : mais j'espère
Vous joindre, sans retard, auprès de votre père.

(Saisissant une main de Liazime, au moment où elle va se retirer.)

Hélas! en ce moment, il semble que mon cœur
Se détache de moi pour suivre son vainqueur.
N'importe : je saurai, me maîtrisant moi-même,
Contenir les transports de mon amour extrême.
Adieu, ma Liazime; adieu.

(S'inclinant profondément vers Liazime, et, dans cette position, pressant, avec ardeur, sa main qu'il tient entre les siennes.)

LIAZIME, *se baissant vers Constantin.*

Que faites-vous,

Seigneur?

(En ce moment Aspasie et Thaïse paraissent au fond du théâtre. Aspasie, en voyant Constantin et Liazime, ainsi qu'on vient de les représenter, jette un cri perçant, prononce quelques mots entrecoupés qui suivent, et tombe évanouie dans les bras de Thaïse.)

ASPASIE.

O ciel!... que vois-je?... Il est à ses genoux.
Je me meurs.

(Constantin se retire, avec les marques d'une vive émotion.)

SCÈNE II.

ASPASIE, LIAZIME, THAISE.

*(Liazime et Thaïse s'occupent à secourir Aspasie, et à la ra-
nimer.)*

THAISE.

Aн, Madame !

LIAZIME.

O disgrace fatale !

ASPASIE.

(Revenant à elle, et se détournant pour ne pas voir Liazime.)
Qu'entends-je ? n'est-ce pas la voix de ma rivale ?
N'est-elle pas, Thaïse, auprès de moi ?

LIAZIME.

Daignez
M'écouter un moment, Madame.

ASPASIE.

(Dans la même position.)
Allez , régnez.
Triomphez pleinement de ma peine cruelle :
Approfondissez bien ma blessure mortelle :
Jouissez du plaisir d'accroître mes tourmens....
Vous n'en jouirez pas, je l'espère, long-tems.

LIAZIME.

Ah ! permettez, au moins....

ASPASIE.

Disparais à ma vue,
Vas, fuis, délivre-moi d'un aspect qui me tue.

LIAZIME.

(Se retirant à pas lents.)

Que je suis malheureuse ! Elle me croit, hélas,
Coupable ! Le ciel sait que je ne le suis pas.
Le ciel, du fond des cœurs, pénètre l'innocence,
Tandis que l'œil humain ne voit que l'apparence.

SCÈNE III.

ASPASIE, THAISE.

ASPASIE.

Sers mes transports, Thaïse, et sans perdre de tems,
Cours à Justinien ; dis-lui que je l'attens,
Dis-lui que, sur tes pas, il se hâte, il s'empresse
A me joindre en ces lieux.... Du trouble qui m'oppresse,
Ce n'est que ton retour qui peut me retirer.

THAISE.

Madame, cependant daignez considérer
Que le désordre affreux où vous êtes plongée,
Exige du repos....

ASPASIE.

Je veux être vengée.

Voilà ce qui convient à mon cœur éperdu,
Et non pas le repos.... hélas ! que j'ai perdu.
N'ai-je pas vu le traître aux pieds de Liazime,
En ce lieu même ? ô ciel !.... La rage qui m'anime,
Loin de pouvoir souffrir aucun retardement,
Se renforce et s'accroît de moment en moment.
Vas, cours, te dis-je, vole où ma fureur t'envoie :
Sinon, qu'auprès de moi jamais je ne te voie.

SCÈNE IV.

ASPASIE, *seule.*

Oui, je veux me venger. Des retards superflus,
Qu'enfante un vain espoir, ne me retiendront plus.
Constantin ! Liazime ! ah, couple abominable !
Votre triomphe, au moins, ne sera pas durable. ...
Je crois encor les voir, comblant leurs attentats,
Le traître à ses genoux, elle presque en ses bras.
Et moi, je ferais grace à tant de perfidie,
Et je pourrais laisser leur insulte impunie,
Pour qu'au premier moment ce couple audacieux
Jusqu'aux derniers excès se porte sous mes yeux !

(Après quelques instans d'une profonde rêverie, elle continue.)

Mais, dois-je, n'écoutant qu'une aveugle furie,
A mon ressentiment immoler ma patrie ?
Pour venger des affronts qui me sont personnels ;
Dois-je livrer ces lieux à des brigands cruels ?
Et, quoique mon courroux, certes, soit légitime,
Tout un peuple doit-il en être la victime ?
Déplorable jouet, en mille occasions,
Du caprice des grands, de leurs divisions,
Ce peuple infortuné, dont ma rage dispose,
A-t-il donc mérité les maux où je l'expose ?

Ah ! chassons loin de nous cet importun remords.
De la part du coupable existeront les torts :
Et, n'importe à quel prix, il faut que la vengeance,
Exempte de pitié, se mesure à l'offense.

SCÈNE V.

ASPASIE, JUSTINIEN, THAISE.

JUSTINIEN.

Vous me voyez, Madame, à vos ordres rendu.
Pour voler près de vous, je n'ai point attendu
(Animé du désir de vous prouver, moi-même,
A ces ordres sacrés ma déférence extrême)
Que Thaïse achevât de me les énoncer.
Parlez, que faut-il faire?

ASPASIE.

    Il faut, sans balancer,
Prendre en main ma défense, et venger mon outrage;
Il faut, n'écoutant plus qu'un généreux courage,
Exécuter soudain votre plan proposé.
Pour frapper ce grand coup tout est-il disposé?

JUSTINIEN.

Oui, Madame; et ce plan qui, de si près, vous touche,
Il ne faut maintenant qu'un mot de votre bouche,
Pour qu'il soit accompli sans le moindre retard.
Je ne vous céle pas que c'est trop, au hasard,
Abandonner le soin d'une telle entreprise.
Et même je ne puis vous cacher ma surprise
De voir que ce projet, si long-tems suspendu,
Par quelque trahison ne soit point confondu;
Tandis que l'Empereur ainsi que son Ministre
Ont, cependant, Madame, un augure sinistre
De ce qui doit bientôt éclater en ces lieux :
Leur crainte, à cet égard, s'est montrée à mes yeux.

Notre plan, il est vrai, se dérobe à leur vue :
Ils n'en connaissent point encore l'étendue.
Mais, comme ils vont porter leurs recherches plus loin,
Et, sans doute, y mettront le plus extrême soin,
Je ne répondrai pas que demain, à l'aurore,
Tout ne soit découvert, si nous tardons encore.

ASPASIE.

Non, non, plus de retard, plus de ménagement.
Je ne vous retiens plus : agissez hardiment.
Je suis déterminée ; et mon impatience
Accélère déjà l'heure de la vengeance.
Frappez, n'hésitez pas : et que, dès cette nuit,
Mahomet, dans nos murs, par vous soit introduit.
Sous vos coups réunis que Constantin succombe ;
Et qu'il soit renversé du trône dans la tombe.
Enfin, pour abréger de trop longs entretiens,
Remplissez vos sermens, je remplirai les miens.
    Déjà l'astre du jour, achevant sa carrière,
N'offre plus à nos yeux qu'une faible lumière.
La nuit s'avance. Adieu : ne perdez pas de tems,
Et mettez à profit jusqu'aux moindres instans.

JUSTINIEN.

Justinien, madame, enflâmé d'un beau zèle,
Prend en main votre cause, et lui sera fidèle.
Les obstacles, bien loin d'affaiblir mon ardeur,
Ne font que l'animer. Cette nuit, l'Empereur,
Guidant de nos guerriers la meilleure partie,
Se propose de faire une brusque sortie
Contre les assiégeans, qu'il pense renverser,
Et, loin de nos remparts, poursuivre et disperser.
Mais, par moi prévenu, Mahomet sait d'avance
Où l'on doit l'attaquer. Tous deux d'intelligence,

Nous sommes convenus de laisser Constantin,
Précipiter sa perte et courir à sa fin,
Tandis que, de Bysance, à ma garde livrée,
Mes soins, aux Turcomans, assureront l'entrée.
Pour l'heure de minuit, le signal est donné.
Cette heure formidable à peine aura sonné,
Que, dans le même instant, on ouvrira les portes
Aux chefs qui conduiront leurs nombreuses cohortes.
Entouré de soldats à mes desseins liés,
J'irai, moi-même, alors joindre nos alliés....
Et quant à l'Empereur, quelques efforts qu'il fasse,
Il ne peut éviter le sort qui le menace.

Je pars, Madame, et vais, plein d'un noble transport,
Chercher, pour vous servir, le triomphe ou la mort.

SCÈNE VI.

ASPASIE, THAISE, EUMÈNE, *entrant du côté opposé à celui par où sort Justinien, et le suivant de l'œil.*

EUMÈNE, *à part.*

Tout semble confirmer les craintes de mon ame,
Et paraît d'un complot me désigner la trame.
J'entends, autour de moi, gronder les passions :
Nous touchons au moment de leurs explosions.
Du bouillant Constantin l'imprudente faiblesse,
Qu'il n'a pu dérober aux yeux de la Princesse ;
L'ardente jalousie et l'orgueil emporté
Dont le cœur d'Aspasie est sans cesse agité ;
Justinien, qu'ici je rencontre auprès d'elle,
S'éloignant à grands pas, et dont l'œil étincelle

D'un feu sombre et couvert; cette extrême pâleur
Qui du teint d'Aspasie efface la couleur,
L'inquiétude peinte en sa vue égarée,
Sa démarche tremblante, et sa voix altérée;
En cet affreux moment, tout me fait redouter
Des malheurs que, peut-être, on ne peut éviter.
N'importe : il ne faut pas perdre encor l'espérance....
Grand Dieu! daigne sur nous déployer ta puissance,
Daigne nous secourir contre nos ennemis :
Protège l'Empereur, et sauve mon pays.

(*S'avançant vers Aspasie, et lui adressant la parole.*)

Madame, Constantin me charge de vous dire
Qu'avec vous il est prêt à partager l'Empire,
Et qu'aux pieds des autels il espère, demain,
Accomplir ses sermens, et vous donner la main.

ASPASIE.

Que m'importe la main d'un traître, d'un parjure?
Ah! croit-il donc, ainsi, réparer son injure,
Et de sa perfidie effacer la noirceur?....
Qu'il aille, à Liazime, offrir, avec son cœur,
Et sa main et son trône. Allez, allez, vous-même,
Heureux père, embellir le brillant diadême
Qui doit de votre fille orner bientôt le front.
Je me résigne encore à ce dernier affront.
M'y voilà préparée autant qu'on puisse l'être.
Je ne m'explique point. Mais on doit me connaître,
Et ne pas présumer que je sois nullement
Disposée à me voir trahie impunément,
Pour une jeune Scythe à servir condamnée,
Et qu'aujourd'hui de vous on prétend être née.

SCÈNE VII.

EUMÈNE, *seul*.

ELLE s'éloigne, ô ciel ! Elle quitte ces lieux,
La menace à la bouche et le feu dans les yeux,
Repoussant fièrement des offres qu'elle même
Envia tant de fois. Ce changement extrême
N'est pas dans la nature : il accroît mes soupçons,
Et me fait augurer d'affreuses trahisons.
Constantin ! Liazime ! O ma fille ! O mon maître !
Empire malheureux ! Ville qui m'a vu naître !
Au prix de tout mon sang, je voudrais prévenir
Les maux qui vont sur vous bientôt se réunir.

SCÈNE VIII.

EUMÈNE, LIAZIME.

LIAZIME.

DANS quel abattement je vous trouve, ô mon père !
Votre douleur profonde, hélas ! me désespère.
J'ai, de loin, entendu les sons de votre voix :
Avec empressement j'accours, et je vous vois,
Le front pâle et flétri, les yeux baignés de larmes.
Avons-nous à subir de nouvelles alarmes ?

EUMÈNE.

Oui, ma fille. Aspasie, en proie à sa fureur,
Ne se possède plus. Au nom de l'Empereur,
J'ai parlé vainement : et sa main et l'Empire,

Elle a tout rejeté. Son ame ne respire
Que vengeance : et j'ai cru voir, dans Justinien,
De ses ressentimens le perfide soutien.
Enfin tout me présage un avenir terrible.
Ah! de nos passions telle est la suite horrible.

LIÁZIME.

Vous ne me verrez point céder indignement
A celle dont mon cœur éprouve le tourment.
Pour remplir mon devoir, et pour vous satisfaire,
Je me soumets à tout, je suis prête à tout faire.
Faut-il quitter ces lieux, et fuir de ce Palais,
Aux yeux de Constantin me soustraire à jamais,
Ou, courant me jeter aux genoux d'Aspasie,
Tâcher de désarmer sa sombre jalousie ?
Ordonnez, j'obéis.

EUMÈNE.

Un pareil dévoûment,
O ma fille! à mes yeux t'honore pleinement.
Oui, vas t'humilier aux pieds de la Princesse :
Par tes soumissions adoucis sa rudesse :
A ce qu'elle voudra, sans murmure, consens :
Et, détournant de nous les maux que je pressens,
Puisses-tu, par ce rare et noble sacrifice,
De l'Etat chancelant raffermir l'édifice !
Est-il rien qui ne cède, en un cœur généreux,
Au suprême plaisir de faire des heureux ?

FIN DU QUATRIÈME ACTE.

ACTE CINQUIÈME.

SCÈNE PREMIÈRE.

CONSTANTIN, EUMÈNE,
Gardes dans l'enfoncement.

CONSTANTIN.

Ah ! de ton amitié modère le transport.
Cher Eumène, crois-moi, tu t'affliges à tort.
Le ciel est mon appui, sur lui je me repose :
Le ciel, n'en doute point, protégera ma cause.
Il ne permettra pas (je l'espère, du moins)
Que, malgré nos efforts, nos démarches, nos soins,
L'infame trahison, nous dérobant sa trace,
Livre enfin, aux brigands qui ravagent la Thrace,
Cette vaste cité, ce palais, ces remparts,
Du trône d'Orient uniques boulevards.
Rempli de cet espoir, dès que la nuit, plus sombre,
Aura tout obscurci, tout couvert de son ombre,
A la tête d'un corps d'intrépides soldats,
Vers le camp ennemi portant soudain mes pas,
J'irai faire changer, dans l'horreur des ténèbres,
Leurs cris victorieux en des clameurs funèbres :
Et, demain, nous verrons et nos murs et nos champs,
Délivrés de l'aspect des cruels Turcomans.

Heureux, si, pour jamais, de leur noire furie,
Au prix de tout mon sang, je sauvais ma patrie !
　　Mais, contre ces brigands avant que de marcher,
Eumène, je veux voir la Princesse, et tâcher,
Par tout ce que pourra, dans cette circonstance,
Me dicter le devoir, m'inspirer la prudence,
Et par le sacrifice, enfin, de mon bonheur,
D'appaiser, si je puis, sa jalouse fureur.
Je l'attends en ces lieux, où bientôt, elle-même,
Afin de satisfaire à mon ordre suprême,
Va se rendre, dit-elle, *avec soumission.*
C'est ainsi qu'elle s'est expliquée, et d'un ton
Où dominait l'aigreur. Je vois ce que m'annonce,
De la part d'Aspasie, une telle réponse.
Je vois bien que l'orgueil et le ressentiment
Dans son cœur agité dominent fortement ;
Qu'en propos outrageans elle va se répandre ;
Et qu'à tout, de sa part, je dois enfin m'attendre.
Mais, peut-être qu'aussi mes soins et mes efforts,
De ses emportemens calmeront les transports.
Ou bien, si je ne puis désarmer sa colère,
Je n'aurai pas, au moins, de reproche à me faire.

　　　　　　E U M È N E.

Qu'il est beau de former d'aussi nobles projets !
Puissé-je en voir bientôt naître d'heureux effets,
Voir Constantin, vainqueur de ces brigands d'Asie,
Aux pieds des saints autels conduisant Aspasie,
Et le ciel, favorable à ce grand intérêt,
Permettre.... Mais déjà la Princesse paraît.
Elle avance en ces lieux. Je vous laisse avec elle.

　　　(*Les gardes se retirent, à la suite d'Eumène.*)

SCÈNE II.

CONSTANTIN, ASPASIE, THAISE.

ASPASIE.

Est-ce pour insulter à ma douleur mortelle,
Est-ce pour en accroître encore le fardeau,
Et me faire subir quelque outrage nouveau,
Que vous me contraignez d'offrir à votre vue
Le sombre désespoir de mon ame éperdue?
Est-ce, enfin, pour plonger le poignard dans mon sein,
Et pour mieux achever d'être mon assassin,
Qu'abusant de vos droits, vous érigeant en maître,
Comme une esclave ici vous me faites paraître?
Eh bien, je me soumets à cette dure loi.
J'obéis : me voici. Que voulez-vous de moi?

CONSTANTIN.

Ah ! quelle triste erreur vous trompe et vous égare !
Quoi ! Madame, à vos yeux ne suis-je qu'un barbare,
Dont le cœur, dépourvu de toute humanité,
Des souffrances d'autrui ne peut être affecté?
Ne suis-je qu'un tyran cruel, impitoyable,
Dont l'aspect soit, pour vous, tellement effroyable,
Que vous comparaissiez aujourd'hui devant moi,
Ainsi qu'une captive asservie à ma loi,
Ou comme une victime offerte en sacrifice?
Détrompez-vous, Madame, et rendez-moi justice.
Je ne viens pas ici jouir de vos tourmens :
Ne m'attribuez point de pareils sentimens;
Et daignez revenir de cette erreur extrême.

Au contraire, je viens vous annoncer, moi-même,
Que je suis prêt, Madame, à remplir mes sermens;
Que, respectant la foi de mes engagemens,
Je ne consulte plus ni tems, ni circonstance,
Pour former avec vous une heureuse alliance,
Et que, pour l'assurer par des nœuds solennels,
J'offre de vous conduire aux pieds de nos autels.

ASPASIE.

Vas, traître, ne crois pas que mon ame abusée,
A se laisser tromper soit encor disposée.
Quand je n'ai plus ton cœur, que m'importe ta main,
Que m'importent les nœuds d'un malheureux hymen,
Enfin, ce trône où j'ai plus de droit que toi-même?
Cours présenter, ailleurs, ta main, ton diadême.
Ton cœur seul y pouvait donner de la valeur :
Je l'ai perdu : tel est l'excès de mon malheur.
Un bien si précieux, une autre le possède....
Crois-tu que, volontiers, je le perde ou le cède?
Ah! ne le pense pas, et de ta trahison
Sois assuré qu'un jour tu me feras raison....
Et bientôt, grace au ciel, luira cette journée.

Non, non, je n'irai point, épouse infortunée,
Fatiguer vainement, des gages de ma foi,
Un ingrat dont le cœur ne serait plus à moi,
Pour qui cette union, douce, délicieuse,
L'hymen ne paraîtrait qu'une chaîne odieuse,
Et qui, d'un autre objet aveuglément épris,
M'accablerait, hélas! du poids de son mépris.

CONSTANTIN.

Constantin se reproche un instant de faiblesse.
Il fait plus : il abjure une erreur qui vous blesse;
Il ose vous promettre, et jure, en ce moment,

De vous être, Madame, attaché constamment,
De mériter en tout, votre amour, votre estime.

ASPASIE.

Ne t'ai-je point vu, traître, aux pieds de Liazime,
Tellement ébloui de ses faibles appas,
Que, moi présente, enfin, tu ne me voyais pas,
Tandis qu'abandonnée à toute sa tendresse,
De l'amour, dans tes bras, elle goûtait l'ivresse ?
Cette scène cruelle est encor sous mes yeux.
Et moi, je souffrirais un partage odieux !
Je verrais, de sang froid, dans ma fureur jalouse,
L'amante ouvertement préférée à l'épouse !
Et, pour unique fruit d'un politique hymen,
Au fond de ce palais j'irais pleurer demain ;
Pendant que ma rivale, heureuse et triomphante,
Étalant tout l'orgueil d'une pompe éclatante,
Idôle de la cour, verrait, à ses genoux,
Un peuple de flatteurs, ainsi que mon époux !
Aspasie à ce point réduite, humiliée,
Sous cet horrible joug serait enfin liée !
Ah ! pour jamais, loin d'elle un semblable destin !....

(*Après quelques instans de silence.*)

Je ne m'en cache pas : je t'aimais, Constantin.
Tu fis naître en mes sens la plus ardente flâme
Qui, j'ose l'assurer, puisse embraser une âme.
Je t'adorais, ingrat !.... Mais la haine, en ce jour,
Dans mon cœur déchiré vient remplacer l'amour.
Oui, tu n'inspires plus à ce cœur, trop sensible,
Que les bouillans transports d'une rage indicible.
Qui te retient encor ? Vas, fuis, délivre-moi
De l'aspect odieux d'un monstre tel que toi.

CONTANTIN.

Quelle fureur vous trouble ! Ah, reprenez, Madame,
Des sentimens plus doux, plus dignes de votre ame !
Ne vous aveuglez point : consultez, en effet,
Sans nul égard au mien, votre seul intérêt.
Si ce puissant motif n'a pour vous aucun charme,
Que l'intérêt public vous touche et vous désarme.
Voyez les mécontens levant, de toute part,
De la rebellion le fatal étendart :
Voyez-les, dans l'excès de leur coupable audace,
Se porter, sous nos yeux, jusques à la menace,
Et, mettant à profit notre désunion,
Entraîner cet Empire à sa subversion.
Unissons-nous, madame, et sauvons la patrie :
Nous le pouvons encor. Soyez donc attendrie
Des maux qui vont sur elle incessamment tomber.
Sous le poids de ces maux elle va succomber,
Si nous ne lui tendons une main protectrice,
Qui l'aide et la soutienne au bord du précipice.
Sans nous elle périt : vous devez le prévoir.
Qu'un si grand intérêt puisse vous émouvoir :
Et, si l'amour ne peut unir mon sort au vôtre,
Que le salut commun nous joigne l'un et l'autre.
Ah ! daignez écouter les lamentables cris
De vos concitoyens et de votre pays.

ASPASIE.

Je n'écoute plus rien. Toute entière à la rage,
Eh ! comment donc, perfide, oublier ton outrage,
Aliment éternel de mon ressentiment ?
Comment donc oublier que tu m'as, lâchement,
Ingrat, sacrifiée, à quel objet encore ?
A celui qu'en son cœur chacun de nous abhorre,

Au sang d'un ennemi, d'un barbare étranger,
A la fille d'un Scythe, (ah ! je n'y puis songer,
Sans frémir, à la fois, de honte et de colère)
Qui, captive en ces lieux par le droit de la guerre,
Aurait pu, languissant dans les derniers emplois,
D'un maître impérieux subir les dures lois,
Et que, pour des raisons que je conçois sans peine,
Aujourd'hui l'on prétend être fille d'Eumène.
Penses-tu me tromper par de subtils détours?
Vas, ne déguise plus tes indignes amours.
Traître, ne rougis point de consommer ton crime;
Hâte-toi d'épouser ta chère Liazime.
Cède à ton vil penchant. Mais ne t'abuse pas,
Et crois qu'un œil vengeur observe et suit tes pas.

CONSTANTIN.

Oui, puisque la raison ne peut rien sur votre ame,
Je vais me retirer, et vous laisser, Madame,
En proie aux noirs transports qui maîtrisent vos sens.
Je sais que la vengeance a des charmes puissans
Pour les cœurs malheureux que son ivresse égare;
Passion dont l'excès rend aveugle et barbare!
Mais enfin, quelque en soit le déplorable effet,
J'ai rempli mon devoir: me voilà satisfait.
D'un désastre fatal je brave les atteintes,
Et je vivrai toujours sans remords et sans craintes.
Tels sont les sentimens dont je suis animé:
Le caractère en est, pour jamais, imprimé
Dans le fond de mon cœur. Je vous quitte avec peine.
Adieu, Madame.

SCÈNE III.

ASPASIE, THAISE.

ASPASIE.

Oui, cours à ta perte certaine.
Tu ne peux échapper au piége qui t'attend,
A l'abîme qui va t'engloutir dans l'instant.
   Ce palais odieux, cette superbe ville,
Qu'habite un peuple immense, orgueilleux, indocile,
Qui d'un prochain désastre est loin de rien prévoir,
Vont, avant qu'il soit peu, tomber sous le pouvoir
De ces fiers Turcomans : et Constantin lui-même,
Dût-il, en déployant une valeur extrême,
Faire plus que ne peut la simple humanité,
Du trône dans les fers sera précipité,
A ce prix, toutefois, s'il peut sauver sa vie :
Et je serai vengée au gré de mon envie.

THAISE.

Quel excès de vengeance épouvantable, affreux !
Je frémis, en songeant aux effets désastreux
Qui l'accompagneront. O ville infortunée,
Se peut-il qu'aux brigands tu sois abandonnée ?
Que d'horreurs vont bientôt couvrir ces tristes lieux !....
Mais quelqu'un vient à nous. C'est Liazime.

ASPASIE.

                                  O cieux !

SCÈNE IV.

ASPASIE, LIAZIME, THAISE.

LIAZIME, *tombant aux genoux d'Aspasie.*

MADAME, à vos genoux qu'avec transport j'embrasse,
Ah ! permettez que j'ose implorer une grace ;
Et de votre bonté puissé-je l'obtenir !
Mon cœur en gardera toujours le souvenir.
Je viens, dès ce moment, à vos lois me soumettre,
Et sous votre pouvoir, sans réserve, me mettre.
Ainsi qu'il vous plaira, disposez de mon sort.
Je suis à vous, Madame, à la vie, à la mort :
Ce sentiment, en moi, survit à tout le reste.
Cessez donc d'écouter un désespoir funeste :
Et, ne vous occupant que de votre bonheur,
Unissez vos destins à ceux de l'Empereur.
Que demain le soleil éclaire la journée
Où soit enfin conclu cet auguste hyménée,
Qui, par des nœuds sacrés, vous joindra tous les deux !
Tel est le plus ardent, le plus cher de mes vœux.
Je sentirai, Madame, en vous voyant heureuse,
S'alléger le fardeau de ma douleur affreuse.

ASPASIE.

Est-ce une illusion qui se présente à moi ?
Ou bien, dois-je, en effet, croire ce que je voi ?
Eh quoi, de Constantin, vous, l'amante adorée,
Embrasser mes genoux, interdite, éplorée !
Quel changement subit ! (près du Prince, tantôt,
Vous paraissiez moins humble ici.)... C'est lui, plutôt,

Qui doit être à vos pieds , ainsi que tout l'Empire.
Volez au rang sublime où votre cœur aspire.
Quant à moi , renonçant à toute ambition ,
Je n'ai plus à ce rang nulle prétention ,
Et veux , me conformant à mon humble fortune ,
Désormais éviter de me rendre importune.
Mais , si mes droits au trône , en ce jour méconnus ,
Sont , par un bras puissant , tôt ou tard soutenus ,
Ma main pourra , sans doute , être la récompense
Du généreux guerrier qui prendra ma défense :
Et , du moins , à ce don attachant quelque prix ,
Il sera loin d'en faire un injuste mépris.

Au reste , ce n'est point contre vous que ma haîne
Brûle de s'exhaler. Je vous connais à peine.
Etrangère en ces lieux , vous avez dû , long-tems ,
Ignorer tout-à-fait mes plus chers sentimens.
D'ailleurs , si jeune encor , votre inexpérience
Semble justifier une telle ignorance :
Et la séduction du traître Constantin ,
Votre douleur présente , et vos combats , enfin ,
Tout vous rend , à mes yeux , beaucoup moins criminelle
Que le perfide auteur de ma peine mortelle.
Je peux vous excuser. Mais , quant à l'Empereur ,
Je ne puis désormais le voir qu'avec horreur.

SCÈNE V.

LIAZIME, seule.

(Le Théâtre est faiblement éclairé.)

QUELLE ardente furie en ses yeux était peinte !....

7

Dans mon cœur oppressé l'espérance est éteinte.
Le découragement s'est emparé de moi.
Tous mes sens sont remplis du plus mortel effroi.
Je ne vois plus ici Constantin, ni mon père :
Ils m'ont abandonnée à ma douleur amère.
Le voile de la nuit couvre les vastes cieux :
Un silence profond déjà règne en ces lieux.
Le seul mot de combat a frappé mon oreille.
Quelle sollicitude à la mienne est pareille ?
Peut-être, en ce moment, mon père et Constantin,
Victimes, tous les deux, d'un malheureux destin,
Luttent contre la mort.... Quels fantômes funèbres
Volent autour de moi, dans le sein des ténèbres ?
J'entends des cris plaintifs, de longs gémissemens....
O vision terrible ! O noirs pressentimens !
Tristes avant-coureurs du sort qui nous menace !....
Mon cœur tremble, et mon sang dans mes veines se glace.
Errante, à la lueur de ces pâles flambeaux,
Seule ici, je crois être au milieu des tombeaux.
Je t'implore, grand Dieu, maître de la nature !
Daigne, hélas ! soutenir ta faible créature ;
Daigne jeter sur elle un œil compâtissant,
Et redonner la vie à son cœur languissant !

> (*Elle tombe sur un siège, en proie aux sentimens violens*
> *qui l'agitent. Elle garde le silence, et reste ainsi, durant*
> *quelques instans, plongée dans une douloureuse anxiété,*
> *dont elle ne revient qu'au moment où elle voit paraître*
> *son père.)*

Mais j'apperçois mon père ; et je sens, à sa vue,
L'assurance renaître en mon ame abattue.
Sa démarche et ses traits expriment la douleur.
Ah ! vient-il m'annoncer quelque nouveau malheur ?

SCÈNE VI.

EUMÈNE, LIAZIME, *Gardes dans l'enfoncement.*

LIAZIME.

Enfin je vous revois : dans mes bras je vous serre.
Le ciel à mes soupirs daigne rendre mon père.
Ah ! combien j'ai souffert de votre éloignement !....
Mais, que dois-je augurer de cet accablement
Qui se peint dans vos yeux et sur votre visage ?
Où donc est l'Empereur ?

EUMÈNE.

　　　　　　Plein d'un noble courage,
Animé du desir de sauver son pays,
L'Empereur a marché contre nos ennemis,
Guidant de ses guerriers la généreuse élite.
Justinien le suit : mais je crois qu'il médite,
Sous le voile trompeur du plus profond secret,
Quelque dessein fatal, quelque horrible projet.
Sa conduite trahit cette ame ténébreuse.
Il marche environné d'une foule nombreuse
De ces même soldats qui, dans l'occasion,
Sont toujours entraînés vers la sédition,
Toujours à l'ennemi prêts à livrer nos portes,
La lie et le rebut de nos braves cohortes.
Voilà de quels guerriers il se fait escorter.
Peut-être que son plan est tout près d'éclater.
Mais, tu ne me dis rien au sujet d'Aspasie.
N'as-tu pu de son cœur calmer la jalousie ?

LIAZIME.

Hélas ! à ses genoux j'ai tombé vainement.

D'un ton humble et conforme à mon abaissement,
Je me suis, sans réserve, à ses ordres soumise;
De la félicité que je m'étais promise
Faisant le sacrifice, et la pressant, en vain,
Moi-même, de s'unir au sort de Constantin.
Mais, quoique son orgueil ait trouvé quelques charmes
Dans mes soumissions, mes promesses, mes larmes,
Rien n'a pu, cependant, fléchir un tel orgueil.
Elle ne m'a qu'à peine honoré d'un coup-d'œil.
Et je n'ai tiré d'elle, enfin, pour toute grace,
Qu'une réponse dure, amère, où la menace
Eclatait, à travers un vif emportement,
Et peignait la chaleur de son ressentiment.
    Tout annónce un complot horrible autant qu'infame.
Eh quoi, ne peut-on pas en dévoiler la trame,
En connaître, en punir les perfides auteurs,
Et renverser ainsi leurs projets destructeurs ?

                    E U M È N E.

Dans le repli des cœurs nous ne pouvons pas lire.
Sans relâche occupés du salut de l'Empire,
Et Constantin et moi, nous avons vainement
Employé tous nos soins, jusques à ce moment,
Pour répandre du jour en ce profond abîme,
Où, sous un voile épais, s'enveloppe le crime.
Des indices nombreux existent : mais, comment
Sur de vagues soupçons fonder un jugement?
L'homme le plus suspect n'est pas toujours coupable.
Et le salut public, quoique bien respectable,
Ne peut autoriser ni magistrat, ni roi,
A s'élever jamais au-dessus de la loi,
Et s'exposer, d'après une fausse apparence,
Au danger imminent d'opprimer l'innocence.

LIAZIME.

Affreuse perspective, il est vrai ! Mais enfin,
Je tremble, malgré moi ; pour vous, pour Constantin,
Pour tout ce peuple, hélas ! qui, plein de confiance,
Repose maintenant dans les murs de Bysance,
Et qu'en ce moment même un horrible réveil
Peut arracher soudain aux charmes du sommeil.
O Dieu, prête l'oreille à ma voix qui t'implore,
Pour mon pays, mon père.... et, j'ose dire encore,
Pour mon prince !

EUMÈNE.

En ses bras me serrant vivement,
Avant de me quitter, il m'a dit seulement :
» J'ignore, cher ami, le sort de cet Empire.
» Vas protéger l'enceinte où ta fille respire. »
J'ai satisfait, d'abord, à cet ordre sacré.
Le palais est, partout, de gardes entouré,
Noble corps de guerriers, à son devoir fidèle,
Et qu'animent l'honneur, le courage, et le zèle.
Ce premier soin rempli, je vais de nos remparts
Visiter promptement tous les postes épars,
Et, de nos vétérans commis à leur défense,
Exciter, s'il le faut, l'ardeur, par ma présence.

SCÈNE VII.

LES ACTEURS PRÉCÉDENS, THAISE.

THAISE.

LA Princesse bientôt va paraître en ces lieux,
Et cherche à s'éloigner, Seigneur, de tous les yeux.

Entièrement livrée à sa douleur profonde,
Elle veut que d'ici j'écarte tout le monde.

E U M È N E.

Séparons-nous, ma fille. Avant qu'il soit long-tems,
Je viendrai te rejoindre.

L I A Z I M E.

O pénibles instans!

SCÈNE VIII.

ASPASIE, *s'avançant à pas lents et d'un air égaré*, THAISE.

A S P A S I E.

QUELLE sombre vapeur vient obscurcir ma vue?
Dans mes sens agités quelle horreur s'insinue?
L'ardeur qui m'animait, s'affaiblit et s'éteint.
D'un frisson glacial tout mon corps est atteint.
Mes pas sont chancelans, ma démarche égarée.
De trouble et de terreur je me sens pénétrée.
Chaque heure, chaque instant redouble mes ennuis:
Et je ne sais, enfin, où je vais, où je suis.
    Dans cet état affreux, dans cette horrible crise,
Peux-tu me délaisser, ô ma chère Thaïse?

T H A I S E.

Moi, vous abandonner! Non, Madame. Eh! pourquoi
Vous troubler à ce point?

A S P A S I E.

            Ah! prens pitié de moi,
Thaïse, et du désordre où mon ame est plongée.

T H A I S E.

Hélas! vous me voyez vivement affligée
Des maux que vous souffrez. Mais peut-être qu'enfin

Le ciel à vos douleurs daignera mettre fin.
C'est mon unique espoir : c'est ma plus chère envie.

ASPASIE.

C'en est fait : Constantin va donc perdre la vie !
Pressé de toutes parts, entouré d'ennemis,
Thaïse, il va périr.... D'où vient que je frémis?
Son trépas n'est-il point le fruit de ma vengeance,
Et de sa trahison la digne récompense ?
N'a-t-il pas mérité de subir un tel sort?
Moi-même n'ai-je pas, enfin, juré sa mort?
  Oui, ce n'est que trop vrai ; c'est moi, c'est Aspasie,
Dont le féroce orgueil, l'aveugle jalousie,
Jusqu'au sein de ce Prince auront seuls dirigé
Le fer qui, dans son cœur, est, peut-être, plongé.
C'est son amante, ô ciel ! (celle dont la tendresse,
Avant l'égarement d'une fatale ivresse,
Eût tout sacrifié, pour conserver ses jours)
Qui va, dès cette nuit, le perdre pour toujours,
Lui ravir, à la fois, et le trône et la vie....
O de nos passions horrible tyrannie !
Hélas ! à quels excès entraînes-tu nos cœurs !

THAISE.

De votre triste sort que je plains les rigueurs !
Par de contraires vœux tour-à-tour emportée,
De fureurs, de remords, tour-à-tour agitée,
Vous semblez abjurer enfin, dans ce moment,
De vos premiers desseins l'aveugle égarement.
Ce tardif repentir, qui me paraît sincère,
Pourra du ciel, peut-être, appaiser la colère,
Et l'engager, madame, à détourner des coups
Qui ne manqueraient pas de retomber sur vous.
Osez donc embrasser un espoir légitime.

Croyez que l'Empereur ne sera point victime
Du hasard des combats ; que, vainqueur ou vaincu,
Sa vie est assurée.

A S P A S I E.

Ainsi qu'il a vécu,
Thaïse, il périra. Son ame ambitieuse
Préférera, sans doute, une fin glorieuse,
A la honte de vivre et de porter des fers,
Sous un prince barbare, aux yeux de l'univers.
Il périra, te dis-je.... Ah! cruelles alarmes!
Mes yeux, en ce moment, se remplissent de larmes.

O nuit, profonde nuit, que ton obscurité
Remplit, d'un trouble affreux, mon cœur épouvanté!
Je ne me connais plus : un noir transport m'égare....
Où suis-je?.. Dieu! que vois-je?.... Ah! quelle main barbare
Vient de plonger le fer dans le sein d'un héros?
Il tombe ; de son sang je vois couler des flots ;
Et ses derniers regards, pleins d'un feu qui me tue,
Semblent se détourner, pour éviter ma vue....
Ah! Constantin n'est plus : le crime est consommé.

T H A I S E.

(Soutenant Aspasie, et la faisant asseoir.)

Sous quel poids douloureux son cœur est abîmé!
Quelle extrême pâleur dans tous ses traits est peinte!
Indice des tourmens dont son ame est atteinte.

Madame, reprenez l'usage de vos sens,
Et du ciel implorez les secours tout-puissans.
Le ciel, des malheureux, fut toujours le refuge :
Il est leur proctecteur.

A S P A S I E.

(Revenant à elle.)

Il est aussi leur juge.

Et s'il est, envers moi, plus juste que clément,
A quoi dois-je m'attendre, hélas! dans ce moment?

(On entend un bruit sourd et éloigné.)

Mais, quel soudain murmure augmente mes alarmes?
N'entends-je pas, au loin, le bruit confus des armes?....

(L'horloge du palais sonne minuit.)

Il est minuit. Ah ciel! c'est l'heure où Mahomet
Doit être, dans nos murs, introduit en secret.

Le bruit paraît s'accroître: il redouble, il s'avance,
Et de la nuit tranquille interrompt le silence.
Des cris semblent s'y joindre, ô Thaïse!

THAÏSE.

J'entens
D'effroyables clameurs, pareils aux hurlemens
Que le barbare Scythe, à l'heure des batailles,
Elève quelquefois autour de nos murailles.
O moment plein d'horreur! Qu'allons-nous devenir?

ASPASIE.

C'est moi seule, en ce jour, que le ciel doit punir.
N'adoptant, ne prenant que ma fureur pour guide,
J'ai trahi mon pays et son chef intrépide,
Moi-même les livrant, l'un et l'autre à la fois,
A des brigands qui n'ont ni sentimens ni loix,
Et qui vont, dans l'excès de leur cruelle rage,
Couvrir bientôt ces lieux de sang et de ravage.

THAÏSE.

Peut-être cédons-nous à de vaines terreurs:
Peut-être que ces cris, ces bruyantes rumeurs,
Par delà nos remparts, s'élèvent du camp Scythe,
Où Constantin doit faire une attaque subite:
Et ce qui rend, pour nous, ce bruit plus éclatant,
Est le calme profond qui règne en cet instant.

ASPASIE.

Je n'ose concevoir une telle espérance.

Mais, vers nous, à grands pas, quelqu'un marche et s'avance.

C'est Eumène.... Il paraît vivement agité.

Ah! nous allons savoir l'affreuse vérité.

SCÈNE IX.

ASPASIE, EUMÈNE, THAISE,
Gardes dans l'enfoncement, portant quelques flambeaux.

ASPASIE.

SEIGNEUR, apprenez-moi quel est ce bruit terrible

Qui trouble de la nuit le silence paisible,

Ce mélange confus de mille cris divers,

Dont les sons redoublés éclatent dans les airs?

EUMÈNE.

Vous me le demandez! Ignorez-vous, Madame,

L'excès de nos malheurs, et d'un complot infame

L'abominable issue? Ignorez-vous, hélas !

Que nos murs sont remplis de barbares soldats?

Ignorez-vous enfin qu'un traître, un monstre insigne,

Du rang qu'il occupait un scélérat indigne,

Vient de livrer la ville aux cruels Turcomans,

Qui, le fer à la main, par d'affreux hurlemens,

Signalant les transports de leur féroce joie,

Déjà, de tous côtés, s'élancent sur leur proie;

Tandis que l'Empereur, digne d'un meilleur sort,

Va, loin de nos remparts, s'exposant à la mort,

Attaquer Mahomet jusque dans son camp même?....

Et moi, je viens, j'accours, dans ce désordre extrême,

Environné d'un gros de braves citoyens,

Défendre, au moins, ces lieux confiés à mes soins.

O mon Prince, dussé-je ici perdre la vie,

Ta confiance en moi ne sera pas trahie !

Madame, quant à vous.... Je me tais : mais enfin,
Dans ce moment terrible, hélas! de Constantin
Les jours sont menacés ; une horde barbare
A toutes les horreurs, en nos murs, se prépare;
Et l'auteur de nos maux, l'affreux Justinien,
A dit que votre bras faisait agir le sien.
S'il n'en impose point à ce sujet, Madame,
Que de remords cruels vont déchirer votre ame!

A S P A S I E.

(Avec peine et d'une voix étouffée.)

Oui, j'en dois faire ici l'humiliant aveu.

Oui, sans moi, ces forfaits n'auraient jamais eu lieu :
Justinien, sans moi, n'eût pas été perfide :
Il n'a fait que servir ma vengeance homicide.
Tout s'effectue ainsi que je l'ai résolu.
Si Constantin périt, c'est moi qui l'ai voulu.
Sa mort est mon ouvrage.

SCÈNE X.

LES ACTEURS PRÉCÉDENS, LIAZIME, *paraissant, aux dernières paroles d'Aspasie, et s'élançant vers son père, pâle et tremblante.*

L I A Z I M E.

Ah! que viens-je d'entendre,
Mon père? Il va périr! Ciel! courons le défendre ;
Volons à son secours.

(Aspasie frémit, à ces mots, et détourne la tête.)

E U M È N E.

Reviens de ton erreur:
Ma fille, calme toi. Notre auguste Empereur,
Suivi d'un corps nombreux de troupes intrépides,

Combat, en ce moment, nos ennemis perfides :
Et j'espère, bientôt, le revoir en ces lieux,
De leur féroce horde enfin victorieux.
Je l'ai fait avertir, par un exprès fidèle,
Du sort qui nous menace, et de ce que mon zèle
A pu me suggérer, en un semblable cas,
Pour presser son retour et pour hâter ses pas.
On va le voir paraître : et sa seule présence
Changera tout ici. Je cours, en son absence,
Avec un peloton de braves combattans,
Arrêter l'ennemi.

S C È N E X I *et dernière.*

LES ACTEURS PRÉCÉDENS, UN OFFICIER
de la Garde de l'Empereur, entrant, couvert de poussière et de sang.

L' O F F I C I E R.

Seigneur, il n'est plus tems.
Tout est perdu. Nos murs sont couverts de Tartares ;
Et déjà cette ville est en proie aux Barbares.
Sans distinction d'âge, et de sexe, et de rang,
Tout tombe sous leurs coups, tout nage dans le sang.
Justinien, ce traître, auteur de nos alarmes,
Contre son souverain osant tourner ses armes,
(Alors que vers ces lieux il marchait à grand pas)
N'a pu lui résister ; sous l'effort de son bras
Je l'ai vu succomber, et perdre enfin la vie :
Châtiment doux encor pour tant de perfidie !

E U M È N E.

Et Constantin ?

L' O F F I C I E R.

Hélas ! ce prince, environné

D'un gros de Turcomans sur lui seul acharné,
Du sort qui le poursuit affrontant les injures,
Baigné de sang, couvert d'honorables blessures,
A cru devoir chercher un trépas glorieux,
Plutôt que de céder au nombre ; et, sous mes yeux,
Ce héros, achevant son illustre carrière,
Mais faisant à plus d'un mordre encor la poussière,
A fini noblement sa vie et son destin,
Sur un tas d'ennemis immolés par sa main.

L I A Z I M E.

Ciel ! Constantin n'est plus !

L' O F F I C I E R.

Cette perte fatale,
A bientôt entraîné la déroute totale
De nos Grecs, que j'ai vus, fuyant de toutes parts,
Se disperser soudain le long de nos remparts.
Alors, vers ce palais, par des routes obscures,
J'ai dirigé mes pas, autant que mes blessures,
Et que ma lassitude, enfin, me l'ont permis,
(Pénétrant au travers des groupes d'ennemis)
Pour venir vous apprendre, au péril de ma vie,
De nos malheurs communs cette triste partie.

(*Tous les personnages de la scène témoignent leur tristesse
par des gestes expressifs et analogues à leur position, à
la réserve d'Aspasie, qui demeure ensevelie dans un morne
et profond abattement, étendue sur un siège, et la tête
renversée.*)

L I A Z I M E.

(*Inclinée vers son père.*)

Constantin n'est donc plus ! O mortelles douleurs !....
Mon père, hélas ! mes yeux sont obscurcis de pleurs.

E U M È N E.

Les miens le sont aussi. Mais, ô fille chérie !

En pleurant ce grand-homme, ah! pleurons la patrie.
Il en était le père, il en était l'appui.
Du moment qu'il succombe, elle expire avec lui.
   N'entends-tu pas déjà ces cris épouvantables,
Des femmes, des enfans, les plaintes lamentables?
Ne vois-tu pas, au loin, cette affreuse clarté
Qui de la sombre nuit chasse l'obscurité?
La dévastation, le meurtre, l'incendie,
Redoublent leur fureur. O crime! O perfidie!

ASPASIE.

(Se levant, et faisant quelques pas; ses yeux égarés,
ses traits déformés, sa démarche tremblante, sa voix
éteinte, tout peignant l'horrible situation qui la tour-
mente.)

O d'un fatal amour détestables effets!
Me voilà donc rendue au comble des forfaits;
De mes noirs attentats la mesure est remplie;
Et ma vengeance horrible est enfin accomplie!
J'ai livré mon pays, mon prince, mon amant,
A la férocité du cruel Turcoman!....
J'ai sacrifié tout à ma fureur extrême:
Il ne me reste plus qu'à m'immoler moi-même.
Le jour m'est en horreur.

(Se frappant d'un poignard qu'elle tire de sa ceinture, et
tombant dans les bras de Thaïse.

LIAZIME.

(Accourant vers Aspasie.)

Ah, grand Dieu!

ASPASIE.

(Tendant une main pour repousser Liazime, et détour-
nant sa vue d'elle.)

Laissez-moi....

Cher Constantin , je meurs , brûlante encor pour toi !
Grande ombre , je te suis.

T H A I S E.

C'en est fait : elle expire.

L I A Z I M E.

Ma force m'abandonne : à peine je respire.

(Elle tombe évanouie dans les bras de son père.)

E U M È N E.

(Soutenant sa fille , et la portant sur un siège.)

O ma fille ! d'un père écoute les accens ;
Vis pour moi ; sois l'appui de mes jours languissans ;
Et qu'il me soit permis, à mon heure dernière,
D'espérer que ta main fermera ma paupière.

Cruels tyrans de l'homme , amour, ambition !
C'en est fait , vous avez , à leur destruction ,
Entraîné cet Empire et ses chefs misérables.
Voilà de vos fureurs les effets déplorables !....
Ah ! puisse un tel revers , en tous lieux , en tout tems,
Devenir la leçon des princes et des grands !

FIN DU CINQUIÈME ET DERNIER ACTE.

E R R A T A.

POST-SCRIPTUM.

L'auteur de cette tragédie, après l'avoir livrée à l'impression, a cru devoir y faire les additions et corrections qui suivent.

Page 14, — vers 1, 2 et 3, *Mais faut-il*, etc., lisez :

Quoi, madame, faut-il, abandonnant sans cesse
Votre ame à cette morne et profonde tristesse,
Par ses impressions vous laisser obséder,

— 18, — 5, 6 et 7, *Quels triste évènement*, etc., lisez :

Quel triste évènement
Produit ce vif chagrin que je ne puis comprendre ?

L I A Z I M E.

Écoutez-moi, madame ; et vous allez l'apprendre.

— 26, — 15, *Ne cherchez point*, etc., lisez :

Ne cherchez point, Seigneur, (j'ose le requérir)

27, — 14, *Ah ! c'est à tant de soins :* etc., lisez :

C'est à ces mêmes soins, à ces mêmes bienfaits,

— 31, 23, etc., *Allons, prince*, etc., lisez :

Allons, Prince, des Grecs exciter le courage.
J'oublie, en vous suivant, les glaces de mon âge,
Et sens, auprès de vous, se ranimer l'ardeur
Qui m'enflámait jadis dans les champs de l'honneur.

— 40, — 3, 4 et 5, *Si j'ose avoir, madame,* etc., lisez :

Si j'ose avoir l'audace
De souhaiter, madame, une plus belle place,
De porter mes regards vers un rang plus flatteur,

— Idem, 23 et 24, *Néglige de l'amour,* etc. ; lisez :

Ni ces expressions d'une molle tendresse,
Qu'ignore pleinement sa sauvage rudesse.

— 57, — 28, 29, 30 et 31, *Eh ! pourquoi leur prêter*, etc., lisez :

Madame, à cet égard, souffrez que je vous dise
(Mon tendre attachement excite ma franchise)
Que votre cœur se livre à d'injustes soupçons,
Et soi-même se forge ainsi des trahisons.

— 61, — 3 et 4, *Hélas ! puisse le ciel*, etc., lisez :

Hélas ! puisse le ciel détourner votre vue
D'un projet qui vous offre une si triste issue !

— 67, — 6 et 7 , *Votre main et le trône, etc.*, lisez :

Vous savez bien quels sont les titres d'Aspasie
Au trône, à votre main. De là, sa jalousie

— 68, — 30, *Ce qu'il faudra résoudre, etc.*, après ces vers, lisez :

Soyons justes. Ce mot dit assez par lui-même,
Et doit être toujours notre règle suprême.

— 70, — 27, *A la fière Aspasie*, lisez : *A l'heureuse Aspasie.*

— 74, — 1 et 2, *Que je suis malheureuse, etc.*, lisez :

Ma présence, pour elle, est un supplice. Hélas !
Elle me croit coupable ; et je ne le suis pas.

— 81, 23, *Au suprême plaisir, etc.*, lisez :

Au suprême plaisir de faire des heureux,
A ce pur sentiment, à cette jouissance,
Qui, du bonheur d'autrui, tire sa noble essence !

— 87, — 1, 2 et 3, *Quelle fureur vous trouble, etc.*, lisez :

Ah ! faut-il qu'à ce point la fureur vous inspire,
Madame ? sur vos sens prenez un juste empire.
Ne vous aveuglez pas :

— Idem. — 16, *Sous le poids, etc.*, lisez :

Sous le poids de ses maux je la vois succomber,

— 95, 22, 23, 24 et 25, *La Princesse bientôt, etc.*, lisez :

La Princesse s'avance, et, fuyant tous les yeux,
Seigneur, elle desire être seule en ces lieux.
Entièrement livrée à sa douleur profonde,
Elle veut que d'ici j'éloigne tout le monde.

— 100, — 8, 9, 10 et 11, *Dont les sons redoublés, etc.*, après ce ver
lisez :

Quel qu'en soit le sujet, instruisez-m'en, de grace.
Parlez.

E U M È N E.

Ignorez-vous, ô ciel ! ce qui se passe,
Madame, en cet instant ? Ignorez-vous, hélas !

— Idem. — 23 et 24, *Environné d'un gros, etc.*, lisez :

Rassemblant, sur mes pas, soldats et citoyens,
Pour défendre ces lieux confiés à mes soins.

— 101, — 9 et 10, *S'il n'en impose point, etc.*, lisez :

S'il n'en impose point, et s'il faut qu'on l'en croie,
Madame, à quels remords allez-vous être en proie !